Christina Baumann

55 Stundeneinstiege Geschichte

einfach, kreativ, motivierend

Auer

Die Internetadressen, die in diesem Werk angegeben sind, wurden vom Verlag sorgfältig geprüft (Redaktionsschluss 30.07.2010). Da wir auf die externen Seiten weder inhaltliche noch gestalterische Einflussmöglichkeiten haben, können wir nicht garantieren, dass die Inhalte zu einem späteren Zeitpunkt noch dieselben sind wie zum Zeitpunkt der Drucklegung. Der Auer Verlag übernimmt deshalb keine Gewähr für die Aktualität und den Inhalt dieser Internetseiten oder solcher, die mit ihnen verlinkt sind, und schließt jegliche Haftung aus.

Hinweisen an info@auer-verlag.de auf veränderte Inhalte verlinkter Seiten werden wir selbstverständlich nachgehen.

Gedruckt auf umweltbewusst gefertigtem, chlorfrei gebleichtem und alterungsbeständigem Papier.

6. Auflage 2021

Illustrationen: Thorsten Trantow, Herbolzheim
Umschlagfoto: Fotolia
Satz: Satzpunkt Ursula Ewert GmbH, Bayreuth
Druck und Bindung: Korrekt Nyomdaipari Kft
ISBN 978-3-403-**06438**-1
www.auer-verlag.de

„Was haben wir letzte Stunde gemacht?"

Diesen wenig motivierenden „Einstieg" möchte man als Lehrer[1] tunlichst vermeiden. Manchem Pädagogen fehlt jedoch ein Fundus kreativer Ideen, die über den (allzu) routinierten Einsatz der immer gleichen Methoden hinausgehen bzw. schlichtweg die Zeit, für die 5–10 Minuten Eingangsmotivation extra zu recherchieren.

Dabei ist der Einstieg – wie in der fachdidaktischen Literatur immer wieder dargestellt wird – für das Gelingen der restlichen Stunde ganz wesentlich; er soll:

- Aufmerksamkeit auf ein neues Thema lenken,
- an ein zurückliegendes Thema anknüpfen,
- Interesse am Fach an sich wecken,
- Schüler praxis- bzw. handlungsorientiert in eine Stunde einführen,
- sie zunächst v. a. auf der affektiven Ebene ansprechen, ihre Fantasie und Kreativität anregen,
- bei den Schülern Spannung bzw. eine Erwartungshaltung für das Folgende aufbauen,
- bisher selbstverständlich Scheinendes in Frage stellen,
- Erstaunen erzeugen,
- Erfahrungswerte der Schüler aktivieren,
- Vorwissen und -kenntnisse nachhaltig festigen,
- Schüler zum Lernen/zum Erwerb neuer Erfahrungen und Kenntnisse motivieren,
- eine effektive Lernatmosphäre herstellen, Schüler auf spielerische Weise disziplinieren,
- schülerzentriertes Arbeiten ermöglichen und fördern.

Diese Handreichung versteht sich nun als eben jener Fundus, der dank seiner übersichtlichen Gestaltung schnelle Information und Orientierung ermöglichen, aber auch die eigene methodische Kreativität (re-)aktivieren soll.

Die allesamt praxiserprobten Aktivitäten enthalten konkrete Hinweise zur Durchführung. Eine flexible Anpassung und Veränderung an die jeweiligen Themen, Umstände und Bedürfnisse ist selbstverständlich nötig bzw. möglich.

Der Aufbau der Handreichung

Sie finden in diesem Band sowohl Einstiegsmöglichkeiten zu einzelnen Stunden als auch Beispieleinstiege in komplette Unterrichtssequenzen.

---

[1] Wenn in diesem Buch von „Lehrer" gesprochen wird, ist immer auch die Lehrerin gemeint. Ebenso verhält es sich mit „Schüler" und „Schülerin" etc.

Alle Stundeneinstiege variieren in der Dauer zwischen **5 und 15 Minuten**, wobei der angeführte Zeitrahmen natürlich den individuellen Bedürfnissen angepasst werden kann, und sind nach ihrer Funktion – **zur Wiederholung** oder **als Hinführung auf die folgende Stunde** – unterteilt.

Zusätzlich finden Sie im dritten Kapitel eine Sammlung von **Einstiegen in neue Unterrichtssequenzen**. Sie sind als Hinführungen auf völlig neue Themenbereiche zu verstehen, sollen also nachhaltig auf eine längere Lernphase einstimmen, sodass in den folgenden Stunden der Sequenz eben darauf eingegangen werden kann. Diese Einstiege sind demnach für (mindestens) 30 Minuten konzipiert.

Unter **Vermischtes** werden diejenigen Einstiege angeführt, die weniger eine thematische Motivation darstellen, als vielmehr die Schüler an der Unterrichtsplanung beteiligen sollen.

Jede der vorgestellten Möglichkeiten wird, ausgehend vom benötigten Vorwissen der Schüler, einer **Jahrgangsstufe** zugeordnet. Zur besseren Orientierung wurde eine aufsteigende Reihenfolge gewählt.

Zudem wird angegeben, wenn besondere **Voraussetzungen** erfüllt oder **Materialien** vorbereitet werden müssen. Um eine effektive Handhabung zu ermöglichen, sind die Erläuterungen zur **Durchführung** stichpunktartig formuliert. Wo es sinnvoll erschien, wurden zur Veranschaulichung Beispiele aufgenommen.

Zur schnelleren Orientierung wurden folgende Icons verwendet:

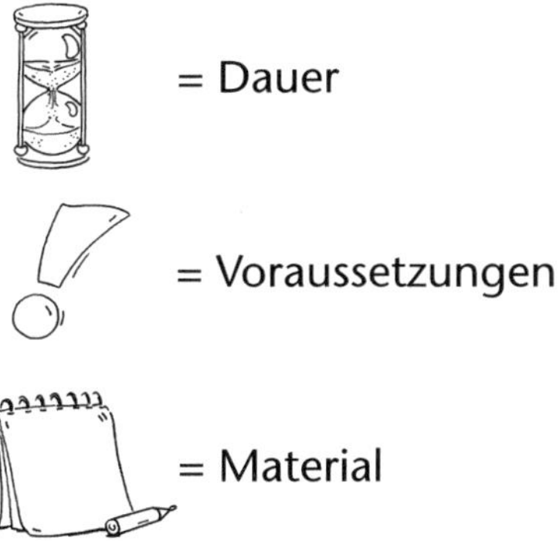

Unter **Weitere Hinweise** finden Sie Anregungen, in welchen anderen Varianten und Einsatzmöglichkeiten der jeweilige Einstieg verwendbar ist, sowie Tipps zur Weiterführung der Stunde.

Zum leichteren Wiederauffinden der Methoden sind im **Index** (S. 62) alle Einstiege in alphabetischer Reihenfolge aufgelistet.

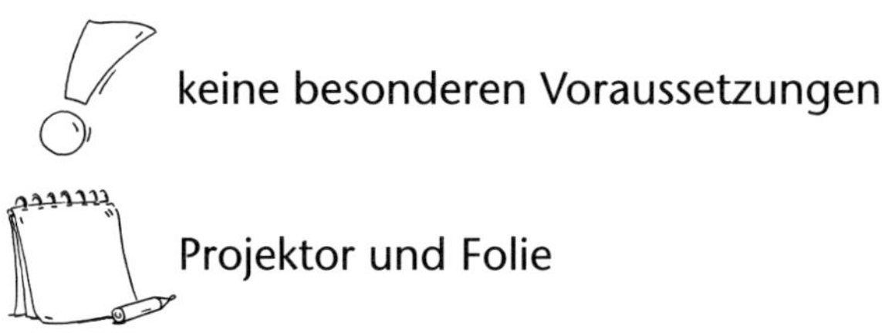

keine besonderen Voraussetzungen

Projektor und Folie

Durchführung:

- Lehrer präsentiert eine komplexere Frage zum Grundwissen auf Folie.
- Der Schüler, der zuerst richtig antwortet, ist Grundwissenskönig und darf sich für die nächste Stunde eine derartige Grundwissensfrage ausdenken.
- Um sicherzustellen, dass schwächere Schüler hierbei nicht benachteiligt werden, sollte ein Zeitraum vereinbart werden, in dem ein „Grundwissenskönig" nicht mehr antreten darf.

Weitere Hinweise:

Bei dieser spielerischen Variante zum klassischen Abfragen sollte der Lehrer darauf achten, dass die Fragen von den Schülern nachvollziehbar formuliert wurden (ggf. die Fragen vor der Stunde zeigen lassen).

Um den Wettbewerbscharakter zu steigern, ist es auch möglich, über einen längeren Zeitraum hinweg eine Strichliste mit den Grundwissenskönigen zu führen.

keine besonderen Voraussetzungen

Spielplan auf Folie; eine Spielfigur; vorbereitete Fragen zum aktuellen Stoff

Durchführung:

- Lehrer teilt die Klasse in die gleich großen Mannschaften A und B.
- Spielplan wird auf Projektor aufgelegt.
- Lehrer stellt die erste Frage.
- Die Mannschaft, die schneller die richtige Lösung nennt, bekommt die Spielfigur ein Feld in Richtung gegnerisches Tor gerückt.
- Nennt bei der nächsten Frage die gegnerische Mannschaft zuerst die korrekte Lösung, wird die Spielfigur wieder in die andere Richtung gerückt.
- Wer zuerst ein Tor schießt, gewinnt.

Weitere Hinweise:

Die Lösungen auf die Fragen müssen kurz sein (am besten nur ein Wort).

Die Fragen können in weiteren Runden auch von den Schülern (zu Hause) vorbereitet werden. Statt Mannschaften können auch zwei Schüler oder kleinere Teams gegeneinander antreten.

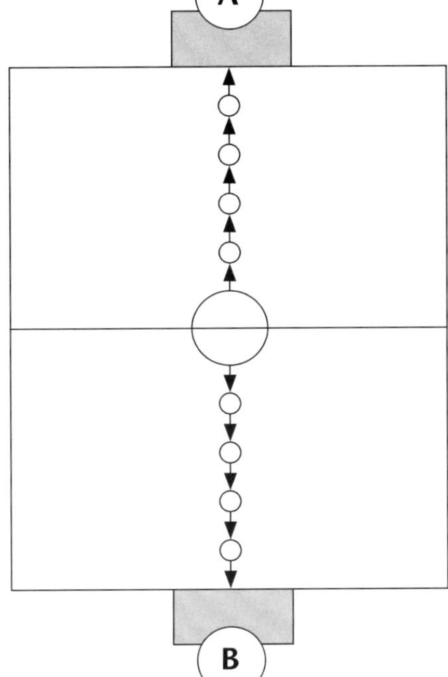

ausreichend Platz im Klassenzimmer

vorbereitete Fragen (evtl. auf Folie notiert; Projektor)

Durchführung:

- Lehrer überlegt sich Fragen zum aktuellen Stoff oder Grundwissensfragen (evtl. auf Folie notieren).
- Einteilung der Klasse in zwei oder drei Gruppen, Aufstellung der Schüler hintereinander, sodass lange Reihen entstehen.
- Lehrer stellt die Fragen immer den beiden ersten Schülern in der Reihe.
- Der Schüler mit der richtigen bzw. schnelleren Antwort stellt sich wieder hinten in der Reihe an; der/die andere(n) muss/ müssen sich setzen.
- Danach treten die jeweils zweiten in der Reihe gegeneinander an usw.
- Verloren hat die Gruppe, in der alle zuerst sitzen.

Beispiele:

1. Wie nennt man die Bilderschrift der alten Ägypter?
   ® Hieroglyphen
2. Wie lautet der Fachbegriff für „Adelsherrschaft"?
   ® Aristokratie
3. Wann in etwa begann die Jungsteinzeit?
   ® vor 10 000 Jahren
4. Wie lautet das Fremdwort für den Glauben an einen einzigen Gott?
   ® Monotheismus

Weitere Hinweise:

Bei diesem Spiel kommt es darauf an, möglichst klare Fragen zu stellen, die nach Möglichkeit nur ein Wort als Antwort erfordern.

Da dieser Einstieg mit dem Ziel der Wiederholung des Stoffes gerade bei größeren Klassen recht zeitintensiv geraten kann, empfiehlt er sich hier besonders bei der Wiederholung einer (Teil-)Sequenz.

1.4 Mut zur Lücke?

ca. 10 Min. | Kl. 5–8

keine besonderen Voraussetzungen

Arbeitsblatt oder Folie

Durchführung:

- Lehrer präsentiert einen Lückentext, eine lückenhafte Grafik oder ein lückenhaftes (Verfassungs-)Schema auf Folie oder Arbeitsblatt.
- Schüler füllen die Lücken, indem sie fehlende Begriffe und Symbole (z. B. Pfeile für Abhängigkeiten/Kontrollmöglichkeiten ...) selbstständig ergänzen.

Beispiele:

Auf der folgenden Seite findet sich ein Arbeitsblatt als Beispiel.

Weitere Hinweise:

Bei diesem Einstieg ist Binnendifferenzierung gut möglich, indem z. B. schwächere Schüler Arbeitsblätter mit Wort-/Symbolspeicher erhalten oder auf geeignete Seiten im Lehrbuch hingewiesen wird.

Eine Variante kann darin bestehen, dass – z. B. zur Wiederholung eines Darstellungstextes – der Text laut vorgelesen wird, wobei die Schüler ihre Bücher geschlossen halten und der Vorleser (Lehrer/Schüler) Sätze nur zum Teil vorliest und an einer sinnvollen Stelle abbricht. Die Schüler führen den Satz dann sinngemäß fort.

Die griechisch-hellenistische Welt – was war wichtig?

1. Wiederhole noch einmal die Grundwissensbegriffe, indem du den folgenden Lückentext ergänzt.
   ® Fit in griechischer Geschichte bist du, wenn du dies bereits ohne die Hilfe des Buches schaffst.

Um 1000 v. Chr., also zu Beginn der Epoche der ____________________, wanderten Völker aus dem Norden nach Griechenland ein und zerstörten dort die mykenische Kultur. In dieser Landschaft voller Berge und zerklüfteter Küsten entstanden nach 800 v. Chr. zahlreiche ____________________. Die Griechen oder Hellenen, wie sie sich selbst bezeichneten, bildeten zwar keinen einheitlichen Staat, sie verfügten aber über eine gemeinsame Sprache, Kultur und Religion. Das wichtigste Götterfest fand alle vier Jahre zu Ehren des Göttervaters Zeus statt: ____________________.
Seit dem 8. Jh. v. Chr. gründeten die Griechen an der Küste des Schwarzen Meeres und des Mittelmeeres zahlreiche Tochterstädte. Diesen Prozess nennt man ____________________.
In Athen wurden schrittweise die ____________________ und die ____________________ verdrängt und unter Perikles eine ____________________ Staatsform entwickelt: Jeder Vollbürger Athens konnte sich nun am politischen Leben beteiligen. Die Bürgerrechte standen den Frauen, den Metöken und den ____________________ jedoch nicht zu. Im 5. Jh. konnten sich die griechischen Stadtstaaten unter der Führung Athens durch ihre Siege bei Marathon und Salamis erfolgreich gegen den persischen Großkönig wehren. Im 4. Jh. geriet ganz Griechenland sowie das gesamte persische Großreich unter den Einfluss eines berühmten Makedonen: ____________________.
Unter seiner Herrschaft wurden die Voraussetzungen für den ____________________ geschaffen.

2. Markiere nun die grau unterlegten Begriffe mit der Grundwissensfarbe und wiederhole sie mithilfe des Lehrbuchs noch einmal gründlich.
   ® LERNTIPP: Versuche, mit eigenen Worten zu erklären, was diese Begriffe bedeuten.

keine besonderen Voraussetzungen

Projektor; Folie mit selbst angefertigten Zeichnungen/Collagen oder auf dem PC veränderten Bildern zum aktuellen Thema, die inhaltliche Fehler enthalten

Durchführung:

- Lehrer legt Folie mit verfremdeten Bildern auf.
- Schüler beschreiben die Bilder und benennen die Unterschiede im Vergleich zum Original bzw. die Fehler.
- Die ver- und befremdende Wirkung der Bildquelle wird thematisiert.

Beispiele:

1. Steinzeitmensch mit Turnschuhen, Feuerzeug, Taschenlampe
2. ägyptischer Schreiber mit Schreibmaschine, Laptop
3. Pharao mit Reichskrone/ohne Schmuckbart
4. Augustus-Statue (von Primaporta) mit Krone/im Muskelshirt
5. Hanse-Kogge mit Turbine/Schlot
6. Mona Lisa ohne Lächeln/mit herausgestreckter Zunge (siehe dazu zahlreiche Variationen im Internet)
7. Ludwig XIV. ohne Perücke (vgl. Karikatur von Thackeray, 1840), in einer ärmlichen Küche
8. Hitler ohne Schnauzbart (vgl. Karikatur Mussolini – Hitler – Stalin), mit blonden Haaren, mit athletischer Figur, …

Weitere Hinweise:

Wer hier mit Bildbearbeitungsprogrammen auf dem Computer fit ist, findet schier unendlich viele Möglichkeiten, Bilder zu „verfälschen".

Im Folgenden bietet es sich auch an, quellenkritische Verfahren zu besprechen (z. B. bei Herrscherdarstellungen: „Wie soll ein Bild wirken? Mit welchen Mitteln wird dies erreicht?") oder auf die ikonographische Bedeutung mancher Bildquellen einzugehen (z. B. „Weshalb ist die typische Barttracht Hitlers schon Symbol?", „Wieso weiß man sofort, wie ‚Mona Lisa' richtig aussieht und wer sie gemalt hat?", …). Auch die leichte Möglichkeit der Manipulation von Bildern im digitalen Zeitalter und deren Folgen kann thematisiert werden.

Diese Methode kann auch als Hinführung zur folgenden Stunde verwendet oder zum Einstieg in eine neue Sequenz ausgebaut werden.

keine besonderen Voraussetzungen

kein Material

Durchführung:

- Lehrer nennt einen Oberbegriff.
- Daraufhin sagt er langsam das Alphabet auf. Nach jedem Buchstaben nennen die Schüler so viele Wörter wie möglich, die mit dem genannten Buchstaben des Alphabets anfangen und zum Oberbegriff passen.

Beispiele:

Oberbegriff	Unterbegriffe
König	Adel, Artus, ..., Burg, Barbarossa, ..., Chlodwig, Christ, ..., Dienstmann, Edelleute, ...
Altertum	Antike, Alexander der Große, ..., Babylon, Bauwerke, ..., Cäsar, Christenverfolgung, ..., Diktator, Demokratie, ..., Etrusker, ...
17./18. Jahrhundert	Absolutismus, Aufklärung, ..., Bourbonen, Beamte, ..., Colbert, Dreißigjähriger Krieg, Erbfolge, ...

Weitere Hinweise:

Wenn bei einzelnen (insbesondere ungebräuchlichen) Buchstaben keine Schülerantworten kommen, werden diese schlichtweg rasch übergangen. Es geht primär um die Aktivierung des (Grund-) Wissens zu einem bestimmten Begriff bzw. zu einer Epoche.

Die Übung eignet sich insbesondere zur Wiederholung einer (Teil-)Sequenz und kann – dann natürlich entsprechend zeitintensiver – auch schriftlich durchgeführt werden.

ABC

.7 Galgenmännchen

ca. 5 Min. | Kl. 5–8

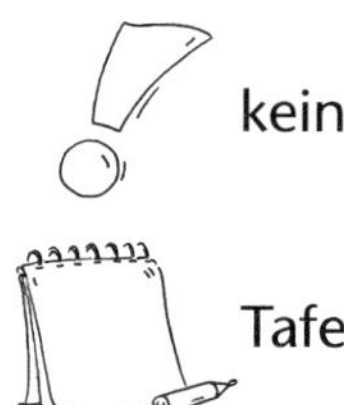

keine besonderen Voraussetzungen

Tafel

Durchführung:

- Lehrer malt für jeden Buchstaben des zu erratenden Wortes einen kurzen waagrechten Strich an die Tafel. Es muss vorher geklärt sein, ob Umlaute als ein oder zwei Buchstaben auftauchen.
- Schüler werden in zwei Großgruppen geteilt und gelost, welche anfangen darf.
- Schüler der Gruppe A nennt einen Buchstaben (z. B. „Ich nehme ein N.")
- Ist der genannte Buchstabe Teil des gesuchten Wortes, wird er an die richtige(n) Stelle(n) geschrieben und Gruppe A darf weiterraten. Andernfalls darf Gruppe B fortfahren und das Galgenmännchen von Gruppe A wird einen Strich weitergezeichnet.
- Jede Gruppe versucht das Wort zu erraten, bevor das Galgenmännchen vollständig ist.
- Die Schüler erklären den Begriff, wenn er fertig an der Tafel steht.

Weitere Hinweise:

Dieser Einstieg kann jeglichem Niveau angepasst und natürlich auch von Schülern als Spielleiter durchgeführt werden. Grundsätzlich empfiehlt es sich, etwas länger zurückliegende Grundwissensbegriffe damit zu wiederholen oder komplexere, relevante Begriffe aus dem zu wiederholenden Darstellungstext.

keine besonderen Voraussetzungen

mehrere DIN-A4-Blätter, jeweils längs gefaltet; auf jede Blatthälfte schreibt der Lehrer vorab in großen Druckbuchstaben einen Begriff zum aktuellen Stoff oder zum Grundwissen, bei dem jedoch einzelne Buchstaben fehlen

Durchführung:

- Ein Blattabschnitt mit einem Begriff wird vor der ganzen Klasse nur kurz hochgehalten, dann wird das Blatt zugeklappt.
- Schüler nennen den vollständigen Begriff und erklären ihn.

Weitere Hinweise:

Es gibt zahlreiche Variationen zu dieser Möglichkeit, beispielsweise das Blatt und damit den Begriff verkehrt herum zu halten, einen Teil des Begriffs durch eine Zeichnung zu ersetzen, mehrere Begriffe auf ein Blatt zu schreiben etc.

Bei jeder Erhöhung des Schwierigkeitsgrades sollte jedoch entsprechend mehr Zeit für das Hochhalten des Begriffs veranschlagt werden.

Eine Präsentation auf Folie (Abschalten des Projektors nach wenigen Sekunden) ist ebenfalls möglich. Hier bietet sich zusätzlich die Variante an, den Begriff (oder auch einen längeren Text) in Spiegelschrift zu schreiben (schöner Einstieg bei einer Stunde über Leonardo da Vinci!).

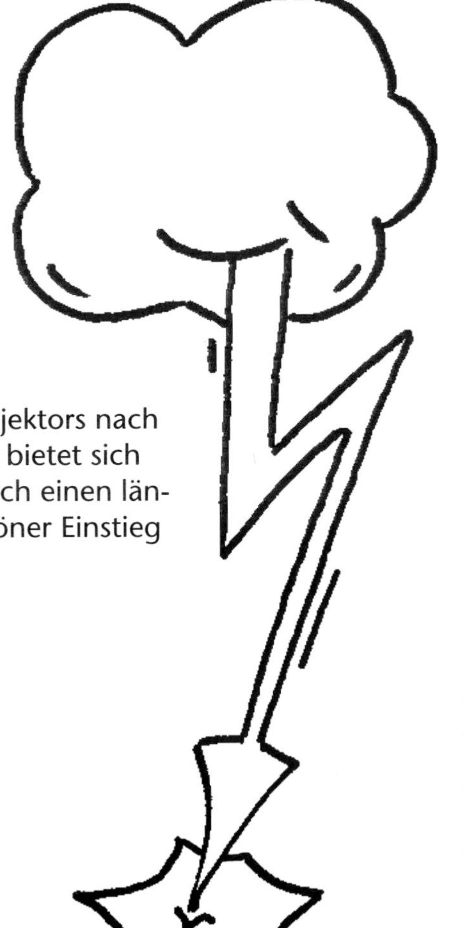

keine besonderen Voraussetzungen

Projektor; ca. 5–10 Folienschnipsel mit jeweils einem darauf notierten (Grundwissens-)Begriff; Hefte oder Notizzettel

Durchführung:

- Lehrer legt kommentarlos die Folienschnipsel nacheinander auf den eingeschalteten Projektor; einige Sekunden, nachdem alle liegen, wird der Projektor ausgeschaltet.
- Schüler sollen die Begriffe aufschreiben, an die sie sich erinnern können.
- Sie erklären einander gegenseitig die Bedeutung dieser Begriffe.

Weitere Hinweise:

Dieser Einstieg kann auch insofern abgeändert werden, als dass der Lehrer die Begriffe der Reihe nach einfach nur vorliest.

Er kann grundsätzlich jedem Niveau angepasst und auch von Schülern durchgeführt werden. Besonders geeignet ist er, um etwas länger zurückliegende Grundwissensbegriffe, die thematisch relevant sind, wieder ins Gedächtnis zu rufen.

1.10 Montagsmaler

ca. 10 Min. Kl. 5–8

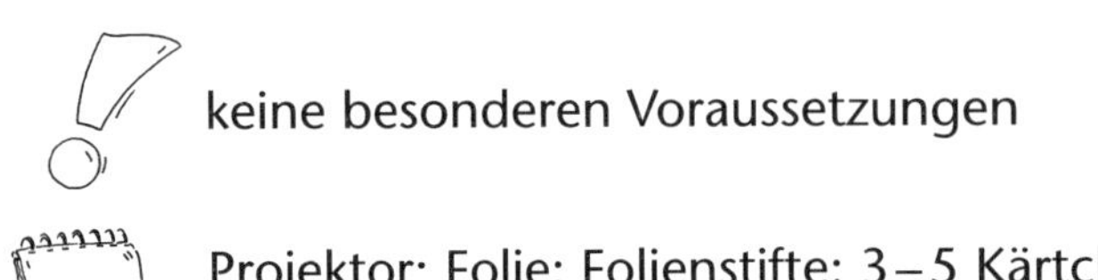

keine besonderen Voraussetzungen

Projektor; Folie; Folienstifte; 3–5 Kärtchen mit zu zeichnenden Begriffen

Durchführung:

- Lehrer zeichnet einen Begriff auf der Folie.
- Schüler versuchen, den Begriff zu erraten.
- Wer es schafft, muss ihn nachvollziehbar erklären, darf dann ein Kärtchen mit einem Begriff ziehen und diesen zeichnen.
- Der Vorgang kann mehrmals wiederholt werden.

Weitere Hinweise:

Hier sollten Begriffe verwendet werden, die sich mit simplen Mitteln zeichnerisch darstellen lassen (z. B. Königtum/Monarchie, Demokratie, Römische Wölfin, Kolosseum, Ritter etc.)

keine besonderen Voraussetzungen

kein Material nötig

Durchführung:

- Vorhergehende Stunde: Lehrer gibt zwei bis drei Schülern den Auftrag, sich zum aktuellen Stoff einige Fragen und die richtigen Antworten zu überlegen. Sie sind die „Experten".
- Lehrer bestimmt einen Schüler, der nach vorne auf den „Heißen Stuhl" kommt (bis zu drei Schüler gleichzeitig möglich).
- Die „Experten" befragen die Schüler auf dem „Heißen Stuhl" und korrigieren/ergänzen die Antworten, falls nötig.

Weitere Hinweise:

Diese Methode bietet eine spielerische Variante zum klassischen Abfragen durch den Lehrer und wird evtl. wegen der aufgehobenen (Kommunikations-)Hierarchie besser akzeptiert. Natürlich können – wenn man das aus pädagogischen Gründen nicht möchte – die „Heißen Stühle" als räumliche Hervorhebung der Befragten auch weggelassen werden und der befragte Schüler darf auf seinem Platz bleiben.

Der Lehrer sollte darauf achten, dass die Fragen nachvollziehbar formuliert sind und eine echte Antwort ermöglichen (also keine Entscheidungsfragen o. Ä.). Zudem sollte auf Fairness unter den Schülern Wert gelegt werden (sehr abwegige Fragen abblocken!).

Möglich (aber z. T. heikel und eher in höheren Klassen durchführbar) ist auch, dass die Selbstbeurteilung der Befragten angeschlossen wird: „Welche Note würdest du dir selbst geben? Begründe."

thematisches Vorwissen

Wortkarten mit Zitaten/Namen/Fachbegriffen aus der vorhergehenden Stunde; Abbildungen wie Gemälde, Karikaturen etc.; Plakate; Klebestreifen

Durchführung:

- Lehrer zeigt die durcheinander angeordneten Wortkarten auf der linken, die Abbildungen auf der rechten Tafelseite ohne weiteren Kommentar.
- Schüler sollen jeweils eine Wortkarte mit der richtigen Abbildung in Verbindung bringen, indem sie diese in der Mitte der Tafel nebeneinander anordnen.

Beispiel:

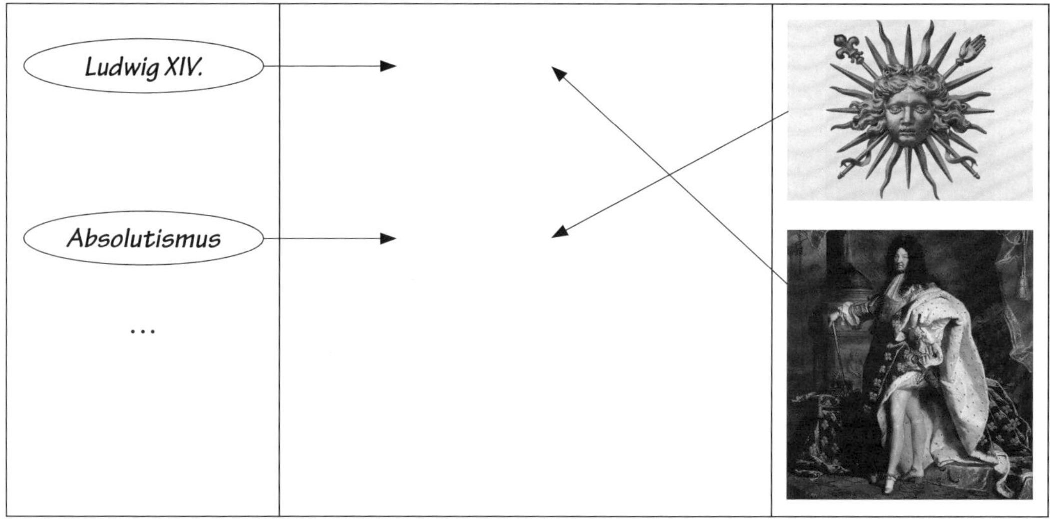

Weitere Hinweise:

Vor allem für visuelle Lerntypen ist dieser Einstieg gut geeignet. Das Zuordnen von Zusammengehörigem veranschaulicht, wie strukturiertes Lernen bzw. Verknüpfen funktioniert.

Die Präsentation kann etwas weniger aufwendig auch auf dem Overheadprojektor erfolgen. Es sollte jedoch so viel Projektionsfläche zur Verfügung stehen, dass die Abbildungen und die Begriffe unmittelbar nebeneinanderstehen können (evtl. zwei Projektoren).

keine besonderen Voraussetzungen

Arbeitsblatt; Projektor und Folie mit Text

Durchführung:

- Schüler erhalten Texte mit fehlerhaften Angaben, die sie finden und korrigieren sollen.
- Gemeinsame Verbesserung auf der Folie.

Beispiel:

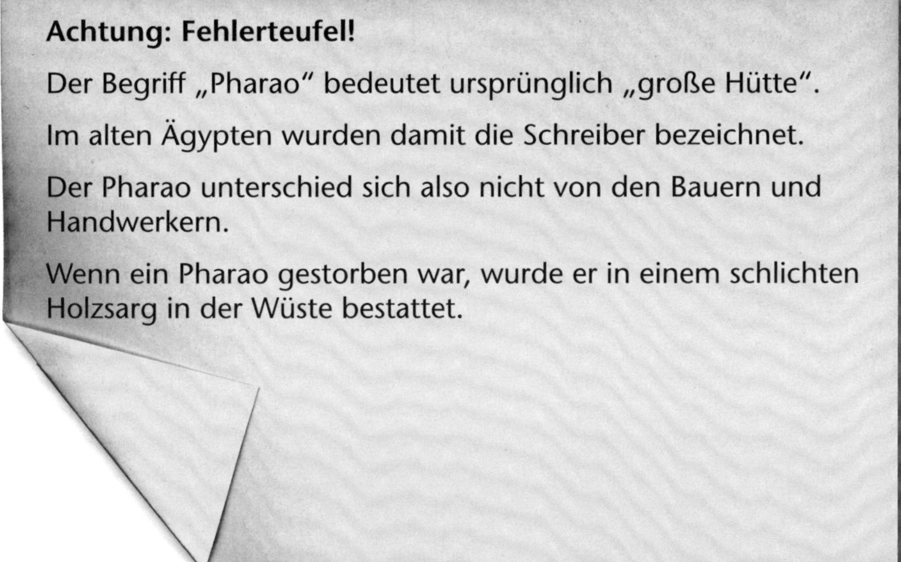

Weitere Hinweise:

Zur Vereinfachung kann die Anzahl der enthaltenen Falschaussagen angegeben oder die richtigen Wörter in einem Wortspeicher vorgegeben werden. Im Text können auch zwei mögliche Aussagen angeboten werden: Es gilt dann, die richtige zu markieren und/oder die falsche durchzustreichen (um zu vermeiden, dass sich falsche Angaben einprägen).

Bei leistungsstarken oder höheren Klassen bietet es sich an, den Text nicht von vornherein als fehlerhaft zu charakterisieren, sodass die Schüler selbst auf falsche Angaben stoßen.

keine besondere Voraussetzungen

Projektor, Folienschnipsel mit Buchstaben in Blockschrift (ausgewählte Begriffe werden zu Buchstabenschnipseln zerschnitten)

Durchführung:

- Lehrer legt die Buchstaben als Folienschnipsel ungeordnet auf den Overheadprojektor.
- Schüler kommen einzeln nach vorne und legen die Buchstaben zu sinnvollen Begriffen (Grundwissen, in Zusammenhang mit der letzten Stunde/Themeneinheit; evtl. Oberbegriff angeben); horizontale und vertikale Legerichtungen sind möglich.
- Sie erklären danach die Begriffe.

Beispiel:

Thema: „Herrschaft im Mittelalter"

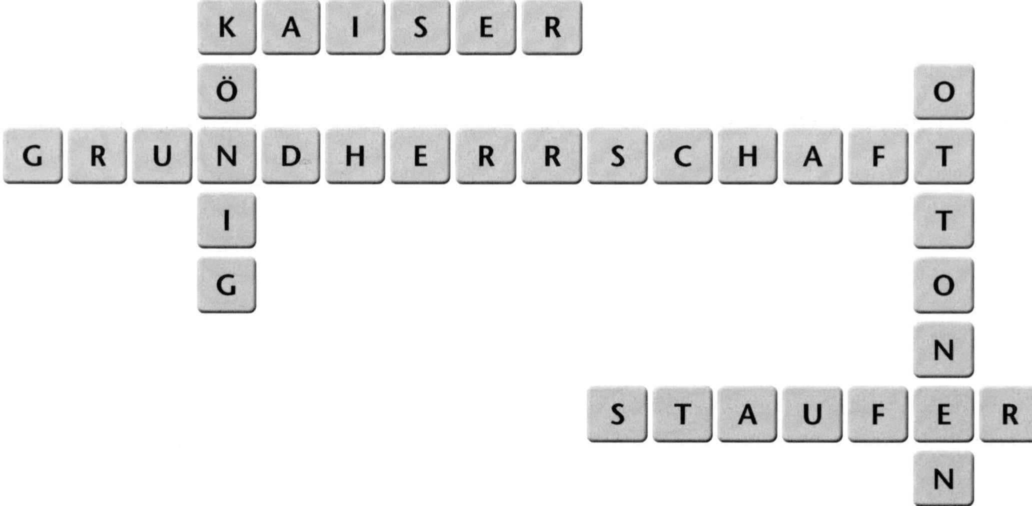

Weitere Hinweise:

Es gibt im Internet viele kostenlose „Puzzle-Maschinen", bei der die gewünschte Anzahl der Wörter eingegeben werden kann und die diese dann automatisch passend zusammenstellt. Auch in den Lehrbüchern finden sich manchmal Kreuzworträtsel zur Wiederholung, die man kopieren und zerschneiden kann.

keine besonderen Voraussetzungen

Heft oder Notizzettel

Durchführung:

- Schüler zeichnen sich ein Raster von drei mal drei Feldern (ausreichende Größe!).
- Jeder wählt sich neun zum genannten Thema gehörende Begriffe aus (evtl. unter Zuhilfenahme des Schulbuchs) und schreibt sie in beliebiger Anordnung in sein Raster.
- Lehrer gibt in willkürlich gewählter Reihenfolge und relativ schnell hintereinander die Definitionen verschiedener möglicher Begriffe wieder.
- Schüler markieren den dazu passenden Begriff in ihrem Raster, wenn sie ihn identifizieren können.
- Wer drei aufeinanderfolgende Wörter (diagonal, vertikal, horizontal, „Zick-Zack") hat, ruft „Bingo!" und ist Sieger.

Beispiele:

Wiederholung Grundwissen Vor- und Frühgeschichte und Antike

1. Quellen	Pharao	Hochkultur
Pyramide	2. Archäologie	Republik
Diktator	Patrizier	3. Papyrus

Definitionen dazu:

1. Texte, Bilder oder Überreste aus früheren Zeiten, die uns über die Vergangenheit informieren; Grundlagen für historische Forschung
2. Wissenschaft von den Überresten alter Kulturen; Erschließung durch Ausgrabungen
3. Material, das man beschreiben kann; „Papier" ist damit sprachlich verwandt
4. …

Weitere Hinweise:

Um die Auswahl der Wörter zu erleichtern bzw. einzuschränken, können zunächst auch gemeinsam Begriffe gesammelt werden, aus denen jeder Schüler dann neun Wörter auswählt.

keine besonderen Voraussetzungen

3–7 Kärtchen mit jeweils einem zu erklärenden Begriff (hervorgehoben) sowie mehreren „Tabu"-Wörtern, die bei der Erklärung nicht verwendet werden dürfen

Durchführung:

- Ein Schüler zieht ein Kärtchen und erklärt den hervorgehobenen Begriff, ohne die darunter aufgeführten „Tabu"-Wörter zu verwenden. Wird dennoch eines verwendet, wird das Kärtchen weggelegt und das nächste gezogen.
- Wer einen Begriff erraten hat, darf den nächsten erklären.
- Wird der Begriff innerhalb einer Minute nicht erraten, wird die Lösung präsentiert.

Beispiele:

Neuzeit
- Epoche
- Mittelalter
- Antike
- 1500 bis Gegenwart
- ...

Amerika
- USA
- Kolumbus
- 1492
- Entdeckung
- ...

J. Gutenberg
- Erfindung/Erfinder
- Buchdruck
- Letter
- Mann
- ...

Weitere Hinweise:

Der Schwierigkeitsgrad kann durch die Auswahl und die Anzahl der Begriffe, die bei der Umschreibung nicht verwendet werden dürfen, gesteuert werden.

Tabu kann auch als Hinführung auf die folgende Stunde genutzt werden. Arbeit in kleineren Gruppen oder in Gruppen gegeneinander ist ebenfalls möglich.

keine besonderen Voraussetzungen

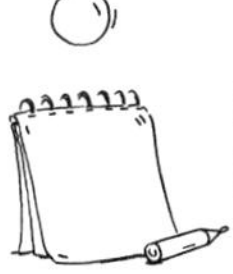
Projektor; Folie oder Plakat mit Foto(s), Zeichnung(en), Karikatur(en), Symbol(en); Papier zum Abdecken

Durchführung:

- Lehrer legt abgedeckte Folie auf.
- Er deckt Stück für Stück das Bild auf, Schüler versuchen herauszufinden, was dargestellt ist. Sie äußern und begründen ihre Vermutungen.
- Schüler stellen den Zusammenhang zur vergangenen Unterrichtseinheit her.
- Daran kann sowohl die Wiederholung als auch eine Bildanalyse angeschlossen werden.

Beispiel:

Ein besonderes „Aha"-Erlebnis erreicht man durch die Präsentation von Bild-Collagen, die ein schnell und eindeutig erkennbares Motiv in einen neuen Zusammenhang rücken, z. B. auch von J. Heartfield: „Millionen stehen hinter mir".

Weitere Hinweise:

Das Bild kann auch in Puzzleteile zerschnitten präsentiert werden, sodass die Schüler Anweisungen geben, wohin die einzelnen Teile gelegt werden sollen. Bei Folien kann das Bild auch zusätzlich zunächst unscharf, dann immer schärfer gestellt werden.

Der Einstieg eignet sich auch als Hinführung auf die folgende Stunde, besonders, wenn hinreichend bekannte Gemälde, Karikaturen, Personen oder historische „ikonografische" Bilder (z. B. Flugzeug, das in die beiden World-Trade-Towers steuert) gewählt werden. Dies kann im Weiteren durchaus thematisiert werden, indem z. B. darauf eingegangen wird, weshalb das „kollektive Gedächtnis" sofort Assoziationen bzw. Wissen zu solchen Bildern parat hat.

keine besonderen Voraussetzungen

evtl. historische Wandkarten/Quellen (nach Möglichkeit sollte der Inhalt bereits bekannt sein)

Durchführung:

- Lehrer knüpft an die vergangene Stunde an: kurze Wiederholung im Unterrichtsgespräch oder Präsentation einer historischen Karte/Quelle, um Ergebnisse wieder aufzufrischen.
- Lehrer gibt eine Frage vor sowie die Perspektiven der Personen/Regierungen/Nationen, in die sich die Schüler hineinversetzen sollen.
- Schüler bilden Kleingruppen und formulieren mündlich oder schriftlich, wie eine historische Situation anders hätte ausgehen können, welche weiteren Handlungsoptionen möglich gewesen wären, welche Bedingungen zu berücksichtigen sind usw.
- Schüler stellen ihre Ergebnisse vor, indem sie die von ihnen gewählten Handlungsoptionen begründen, die im Anschluss diskutiert bzw. problematisiert werden.

Beispiel:

Was wäre gewesen, wenn …

1. Heinrich IV. nicht den „Gang nach Canossa" angetreten hätte?
2. der Dreißigjährige Krieg nach der Schlacht am Weißen Berg beendet gewesen wäre?
3. man Wilsons 14-Punkte-Programm im Jahre 1917/vor Kriegseintritt der USA angenommen hätte?
4. die Hitler-Attentate (1939 Georg Elser, 1944 Stauffenberg) gelungen wären?
5. 1919 eine Räterepublik statt einer parlamentarischen Republik eingeführt worden wäre?

Weitere Hinweise:

Den Schülern wird neben Empathievermögen auch vermittelt, dass es bei historischen Ereignissen, Entwicklungen und Entscheidungen stets alternative Handlungsszenarien gegeben hätte.

keine besonderen Voraussetzungen

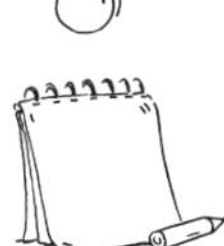
Projektor und Folie mit Multiple-Choice-Fragen (mit je vier Antwortoptionen)

Durchführung:

- Lehrer legt die Folie mit den Fragen auf.
- Schüler melden sich zur Beantwortung der Fragen/alternativ: ein Schüler versucht, alle Fragen zu beantworten/alternativ: es werden unterschiedliche Teams gebildet, die gegeneinander antreten. Die Antworten sollten begründet werden.
- Zur Vereinfachung können Joker eingeführt werden:
  - 50:50-Joker: Lehrer streicht zwei falsche Antworten auf der Folie.
  - Publikums-Joker (wenn ein Schüler alleine antwortet): Schüler der Klasse melden sich bei der von ihnen als richtig erachteten Antwort. Die Anzahl der jeweiligen Meldungen gibt dem Spieler möglicherweise einen Hinweis auf die richtige Antwort.

Beispiel:

Thema: „Mittelalter"

1. Welcher der folgenden Begriffe bezeichnet kein mittelalterliches Adelsgeschlecht?
   a) Merowinger
   b) Karolinger
   c) Wolpertinger
   d) Salier
2. Warum nennt man das Mittelalter „Mittelalter"?
   a) Weil es inmitten zweier anderer großer Epochen liegt.
   b) Weil Kultur, Kunst, Wissenschaft etc. im Vergleich zur Antike nur noch mittelmäßig entwickelt waren.
   c) Weil die zu dieser Zeit lebenden Menschen im Durchschnitt nur ein „mittleres Alter" von ca. 30–40 Jahren erreichten.
   d) Weil das deutsche Kaiserreich, das mitten in Europa lag, das mächtigste in dieser Zeit war.

Etc. Lösungen: 1 c), 2 a).

Weitere Hinweise:

Zur Steigerung des Wettbewerbscharakters kann ein Punktesystem eingeführt werden; die Mannschaft oder der Schüler mit den meisten Punkten gewinnt.

keine besonderen Voraussetzungen

vorbereitete Arbeitsblätter mit unterschiedlichen Fragen im oberen und unteren Teil sowie vorbereiteten Antworten; Scheren

Durchführung:

- Lehrer teilt die Arbeitsblätter aus (eines für zwei Schüler). Partner A bekommt den oberen Teil, Partner B den unteren.
- Ein Schüler stellt seinem Partner die erste Frage. Dieser beantwortet sie; der Fragensteller korrigiert ihn mithilfe der vorgegebenen Antworten, falls nötig.
- Dann wird getauscht.
- Lehrer beendet nach einer bestimmten Zeit oder wenn alle Aufgaben von allen Schülern gelöst wurden.

Fragen für Partner B:	**Lösungen:**	
1. ... 2. ... 3. ...	1. ... 2. ... 3. ...	**Partner A**
Fragen für Partner A:	**Lösungen:**	
1. ... 2. ... 3. ...	1. ... 2. ... 3. ...	**Partner B**

Weitere Hinweise:

Die Fragen sollten möglichst kurze Antworten erfordern.

keine besonderen Voraussetzungen

Heft oder Papier; Tafel oder Folie

Durchführung:

- Lehrer nennt einen Oberbegriff.
- Schüler schreiben innerhalb einer Minute alle Begriffe auf, die ihnen spontan dazu einfallen.
- Sie präsentieren nacheinander die gefundenen Begriffe. Bei jedem fragt der Lehrer nach, wie viele Schüler denselben Begriff gefunden haben. Zudem sollte immer wieder dazu aufgefordert werden, die Assoziationen nachvollziehbar zu erklären.
- Lehrer gruppiert an der Tafel oder auf Folie die Begriffe um den zentralen Ausdruck herum (ähnlich wie bei einem Cluster) und schreibt die Assoziationen je nach Anzahl der Schüler, die ihn gefunden haben, unterschiedlich groß.

Weitere Hinweise:

Selbstständiges Nachdenken und Vorwissen der Schüler werden hierbei aktiviert.

Das Assoziogramm macht zum einen die Subjektivität von Assoziationen zu ein und demselben Begriff deutlich, zum anderen aber auch die Tatsache, dass häufig unterschiedliche Personen mit einem Begriff die gleichen Vorstellungen verbinden. Hier bietet sich evtl. an, auf die Themen „kulturelles Gedächtnis" oder „Stereotypen" einzugehen.

Die gefundenen Ergebnisse können auch nach Sinneinheiten gruppiert, Grundwissensbegriffe oder die für das vorgesehene Stundenthema relevanten Begriffe können herausgenommen und vertieft behandelt werden.

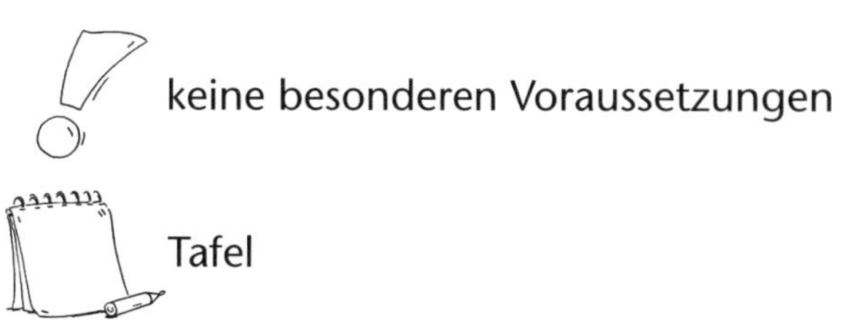

Durchführung:

- Lehrer schreibt den zentralen Begriff der Stunde vertikal und mit Platz zwischen den einzelnen Buchstaben an die Tafel.
- Schüler sollen zu den Anfangsbuchstaben des Wortes zum Thema passende Begriffe finden (evtl. auf Zeit).
- Die Ergebnisse werden an der Tafel notiert. Einzelne Schüler können dazu aufgefordert werden, ihre Assoziation nachvollziehbar zu machen.
- Am Ende der Stunde kann darauf wieder zurückgegriffen werden.

Beispiele:

Ideal ist, wenn der Begriff nicht allzu lang ist, nach Möglichkeit wenige mehrfach vorkommende bzw. ungebräuchliche Buchstaben enthält und den Schülern grundsätzlich schon (aus dem Alltagswissen) bekannt ist.

Thema: „Welche Funktion erfüllt der Pharao?"

P Pyramide, Priester
H „Haus", Horus, Hochkultur
A Anubis, Amun
R Regierung, Reich/reich, Ramses
A Ägypten, Adel, Altertum
O Oberster Priester, Osiris

Weitere Hinweise:

Hier wird selbstständiges Nachdenken ebenso wie das Vorwissen der Schüler aktiviert. Das Assoziieren erfolgt hier nicht völlig frei, was besonders schwächeren Schüler zugutekommt.

Die gefundenen Ergebnisse können auch nach Sinneinheiten gruppiert und Oberbegriffe dafür gefunden werden. Zudem können Begriffe, die für das vorgesehene Stundenthema relevant sind, oder Grundwissensbegriffe herausgenommen und vertieft behandelt werden.

keine besonderen Voraussetzungen

je nach Impuls: z. B. Tafel oder Folie; Plakat; Abbildung; CD-Player, ...

Durchführung:

- Lehrer gibt nonverbal einen Impuls in die Lerngruppe (ohne weitere konkrete Kommentare oder Aufforderungen).
- Die Schüler äußern sich völlig unvoreingenommen, frei und spontan dazu.
- (Begründete) Vermutungen sollten auf einer Folie festgehalten werden, sodass man im Laufe bzw. am Ende der Stunde darauf wieder vergleichend zurückgreifen kann.

Beispiele:

Für stumme Impulse eignen sich alle Materialien, die in irgendeiner Form rätselhaft oder widersprüchlich sind, also Neugier oder Verwunderung wecken. Dazu eignen sich:

1. Bilder: z. B. Cartoons, Karikaturen, Plakate
2. Gegenstände: z. B. (Faksimile-) Steinwerkzeuge, Urkunden, Alltagsgegenstände (alte Bügeleisen, Wärmflaschen, ...)
3. Wortkarten, Zitate als Tafelanschrieb oder auf Folie: z. B. *Zäh wie Leder, flink wie Wiesel, hart wie Kruppstahl* (Thema: „Erziehung im Nationalsozialismus"); *Deutschland braucht einen Platz an der Sonne* (Thema: „Imperialismus unter Wilhelm II"); *Der Staat bin ich – Der Fürst ist der erste Diener seines Staates* (Thema: „Absolutismus und Aufklärung")

Weitere Hinweise:

Die Schüler werden zum eigenständigen Entdecken bzw. zur Hypothesenbildung angeregt, ohne dass ihnen der Lehrer eine bestimmte Richtung vorgibt.

Hierfür ist natürlich nötig, dass man evtl. auftretendes Schweigen der Klasse auch eine Zeit lang aushalten kann. Durch nonverbale Signale (Schulterzucken, fragender Blick o. Ä.) können Äußerungen zusätzlich stimuliert werden.

Wichtig: Die Bedeutung des Impulses muss natürlich im Laufe der Stunde aufgeklärt bzw. gelöst werden. Die exakte Überlegung, welchen Impuls man wie und vor allem mit welchem Ziel einsetzt, ist also unabdingbar.

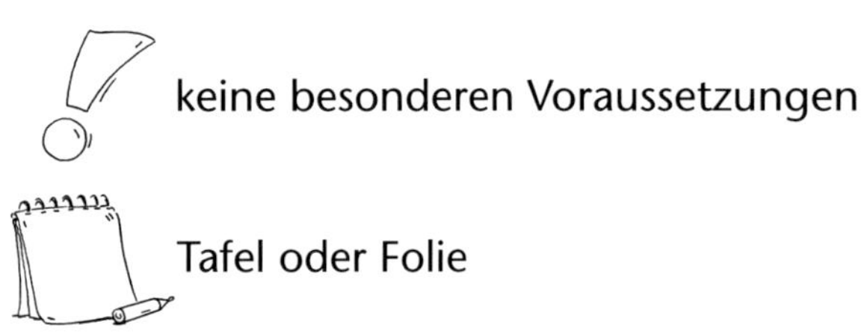

keine besonderen Voraussetzungen

Tafel oder Folie

Durchführung:

- Lehrer präsentiert einen unvollständigen Satz (mündlich oder schriftlich auf Tafel oder Folie), der einen für das folgende Thema relevanten Begriff enthält.
- Schüler vollenden den Satz, indem sie ihre Assoziationen dazu aufschreiben.
- Die Ergebnisse werden vorgelesen. Werden sie (z. B. auf Folie) festgehalten, kann im Laufe bzw. am Ende der Stunde darauf wieder eingegangen werden.

Beispiele:

1. *Bei Demokratie denke ich an …*
   Dieser Satz kann z. B. verwendet werden bei den Themen: „Das alte Athen – Erfinder der Demokratie?", „Für welches Herrschaftssystem entscheidet sich die Paulskirchenversammlung von 1848/1849?" oder „War die Deutsche Demokratische Republik tatsächlich ein demokratischer Staat?"
2. *„Familie" bedeutet für mich …*
   Dieser Satz kann z. B. verwendet werden bei den Themen: „Familienleben im alten Athen / Welchen Status haben Mann und Frau?" oder „Wie verändert sich das familiäre Zusammenleben durch die Industrialisierung?"

Weitere Hinweise:

Mit dieser Methode wird das eigenständige Nachdenken der Schüler aktiviert, ohne vom Lehrer schon in der Einstiegsphase gelenkt zu werden.

Sicherlich werden hier neben vielleicht recht subjektiven Assoziationen auch bereits Begriffe fallen, die im Hinblick auf das Thema relevant sind. Damit „falsche" Begriffsassoziationen sich nicht im Gedächtnis der Schüler verfestigen, ist es wichtig, dass das Erarbeitete am Stundenende noch einmal mit den eingangs genannten Äußerungen verglichen wird.

Beherrschen von Vorformen des Standbildbaus („Freeze"), möglichst problemlose Veränderungsmöglichkeit der Sitzordnung

Themenkarten mit Bezug zum Stundenthema

Durchführung:

- Ein Schüler, der die Aufgabe des „Bildhauers" übernimmt, wird bestimmt.
- Er erhält vom Lehrer eine Themenkarte und wählt sich passende Mitschüler aus.
- Er modelliert nun die Körper seiner Mitschüler schrittweise zu einem Standbild, das seine Interpretation des Themas zeigt.
- Die Spieler, die geformt werden, sollen nicht reden und sich nicht selbstständig bewegen, sondern kommentarlos bis in die Mimik hinein die vom Bildhauer geformte Haltung einnehmen.
- Die Zuschauer nehmen, ebenfalls ohne Worte, die Entstehung des Standbildes wahr und diskutieren anschließend die Interpretation bzw. dürfen evtl. das Bild abändern.

Beispiele:

Besonders eignet sich die Methode zur Darstellung von Beziehungen von Personen zueinander sowie zur Darstellung von Hierarchien, Einstellungen, Haltungen.

1. politische / soziale Verhältnisse: pyramidale Struktur der ägyptischen Gesellschaft; Athen: Problematisierung Staatssystem Demokratie – soziale Ungleichbehandlung (z. B. Metöken, Frauen, Sklaven); Führerprinzip (Befehl – Gehorsam); Gegensatz Demokratie – Diktatur
2. Rituale, z. B. Treueeid bei der Belehnung; Vereidigung; Krönungszeremonien (z. B. Karl der Große – Napoleon), hierzu gibt es häufig Quellentexte oder Bildquellen, die als Anregung dienen können
3. Ereignisse, Situationen, z. B. Wahlkampf, Revolution, Demonstration, Putsch

Weitere Hinweise:

Der Einstieg kann, insbesondere wenn unterschiedliche Aspekte zu einem Thema dargestellt werden sollen, auch in Kleingruppen durchgeführt werden.

Diese ganzheitliche Methode zur Auseinandersetzung lässt die Schüler anschaulich und gewissermaßen „am eigenen Leib" eine bestimmte Perspektive einnehmen und fördert so Imaginationsfähigkeit und Identifikation sowie Einsicht in die Multiperspektivität historischer Sachverhalte.

keine besonderen Voraussetzungen

Projektor; Folie mit Foto, Gemälde, Karikatur, ...

Durchführung:

- Lehrer legt die Folie auf.
- Schüler betrachten das Bild einige Sekunden lang (bei „volleren" Bildern längere Betrachtungszeit).
- Projektor wird ausgeschaltet, Schüler äußern sich spontan aus dem Gedächtnis dazu, was sie gesehen haben (Auffälligkeiten, Farbgebung, Fokus, Vermutungen zur Identität der dargestellten Person/zur Bedeutung der Szene, ...) bzw. beantworten Fragen zum Bild.

Beispiel:

Tag von Potsdam

Mögliche Fragen:

1. Was machen die Personen auf dem Bild?
2. Was fällt an den Personen besonders auf?
3. Wie sind sie gekleidet?
4. Wohin wird der Blick des Betrachters gelenkt? Wieso/wodurch?

Weitere Hinweise:

Diese Methode fördert nicht nur das Konzentrationsvermögen bzw. mnemotechnische Fertigkeiten, sondern führt die Schüler schrittweise auch an die Bildquelleninterpretation heran. Im weiteren Verlauf der Stunde kann verstärkt auf die Gestaltungsmittel bzw. die Aussageabsicht des Bildes eingegangen werden, evtl. auch in Kontrastierung zu anderen Bildquellen gleichen Inhalts.

keine besonderen Voraussetzungen

Projektor; Folie mit verschlüsselt dargestelltem Begriff (in Teile zerlegt; dabei können die Teile Bilder und Wörter enthalten, siehe Beispiel)

Durchführung:

- Lehrer gibt den Schülern Hinweise zur Entschlüsselung des Rätsels (evtl. ebenfalls auf Folie präsentieren):
  - Gesucht wird ein Lösungswort. Es setzt sich aus verschiedenen Teillösungswörtern zusammen.
  - Die Ziffern stehen stellvertretend für die Buchstaben eines Wortes.
  - Durchgestrichene Ziffern bedeuten, dass dieser Buchstabe des Teillösungswortes nicht benötigt wird.
- Lehrer legt Folie mit Bilderrätsel auf.
- Schüler suchen die Teillösungswörter und bilden daraus das Gesamtlösungswort.
- Der erratene Begriff soll erklärt werden bzw. ein Brainstorming dazu durchgeführt werden.

Beispiel:

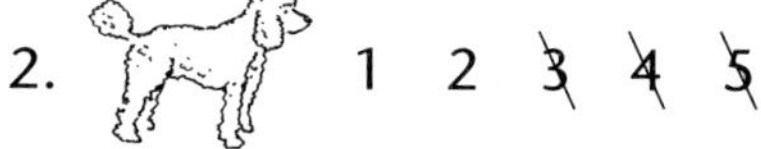

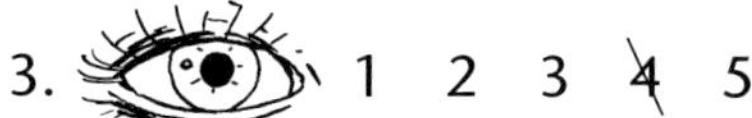

Lösung: 1. **Re**h; 2. **Pu**del; 3. **Blick** ® Republik

Weitere Hinweise:

Zusätzlich kann ein Doppelpfeil die Vertauschung der Reihenfolge der Buchstaben für das Lösungswort angeben: 1 2 3

Dieses Bildrätsel kann mit stärkerem Wettbewerbscharakter gestaltet werden, wenn z. B. mehrere Gruppen gegeneinander antreten oder ein Zeitlimit gesetzt wird. Auch die Gestaltung eines Bilderrätsels durch die Schüler ist möglich.

2.8 Fühlbox

ca. 10 Min. ab Kl. 5

keine besonderen Voraussetzungen

Fühlkiste mit ca. fünf thematisch passenden Objekten; Schüler sollten durch eine kleine Öffnung in die Kiste hineingreifen und die Objekte fühlen können, ohne sie zu sehen. Alternativ kann hierfür auch ein schließbarer Sack o. Ä. herangezogen werden.

Durchführung:

- Einzelne Schüler greifen nacheinander einen Augenblick lang in die Fühlkiste und beschreiben zunächst nur, wie sich der Gegenstand, den sie ertastet haben, anfühlt (evtl. lenkende Fragen dazu stellen).
- Die Box wird an andere Schüler weitergegeben, die nun benennen sollen, was sie erfühlt haben.
- Korrekt erratene Gegenstände werden aus der Box herausgenommen.
- Schüler erklären, was die Gegenstände mit dem Thema zu tun haben.

Beispiele:

1. Ägypten: Papyrus, Skarabäus, Modell-Pyramide, Schreibgriffel, ...
2. Römische Antike: Vesuv-Gesteinsbrocken, Sandalen, Modell-Statuen, ...
3. Renaissance: Drucklettern/Gussformen, Globus, Kartoffel (Entdeckung Amerikas), Kompass, ...

Weitere Hinweise:

Diese Methode ist v. a. auch dann interessant, wenn gleiche oder ähnliche Gegenstände aus unterschiedlichen Zeiten gewählt werden. Beispielsweise können hiermit die Unterschiede zwischen alt- und neusteinzeitlichen Werkzeugen im wahrsten Sinne des Wortes begreifbar gemacht werden. Diese sind als Faksimile-Ausgaben zu erwerben.

Der Vorbereitungsaufwand ist natürlich hoch, jedoch können die Fühlbox bzw. auch die einzelnen Gegenstände darin immer wieder eingesetzt werden.

Thema sollte entweder bereits zu einem früheren Zeitpunkt behandelt worden sein oder aus dem lebensweltlichen bzw. Interessensbereich der Schüler stammen.

Moderationskarten und Filzstifte (ca. drei pro Schüler bzw. Arbeitsgruppe); Tafel und Magnete oder Klebefix, Pinnwand und -nadeln

Durchführung:

- Lehrer teilt die leeren Karten aus und nennt ein historisches Stichwort.
- Schüler schreiben ihre Assoziationen auf die Karten (eine pro Karte, bei großen Klassen ist Gruppenarbeit sinnvoll).
- Karten werden eingesammelt und gemeinsam nach Sinneinheiten an der Tafel bzw. Pinnwand geordnet.
- Nach diesem ersten Überblick über das Thema werden die Sinneinheiten mit einer Überschrift versehen.

Beispiele:

Thema: „Mittelalter"

Assoziationen mit Überbegriffen:

1. Machthaber: Könige, Kaiser, Friedrich Barbarossa, Richard Löwenherz, König Artus, Kirche, Papst, …
2. Sagenhaftes: Tafelrunde, Drachen, König Artus, …
3. Adelshof: Ritter, Kämpfe, Rüstungen, Burgen, Pfalzen, Schwerter, Burgfräulein, …

Weitere Hinweise:

Bei diesem ersten, breit gefächerten Zugang zu einem Thema ist es essenziell, dass die Schüler die Ordnung der Karten nach Sinneinheiten vornehmen und der Lehrer nur moderierend eingreift. Das eigentlich zu betrachtende Thema kann dann herausgegriffen und näher ausgeführt werden.

keine besonderen Voraussetzungen

Projektor und Folie mit Bild; evtl. Arbeitsblätter mit demselben Bildabdruck (evtl. farbig)

Durchführung:

- Lehrer zeigt Bildfolie (evtl. nur einige Sekunden lang); auch möglich: alle Schüler erhalten das Bild als Arbeitsblatt.
- Schüler sollen nun auf Folienschnipseln bzw. ihrem Arbeitsblatt
  - einen möglichst passenden Titel für das Bild finden und/oder
  - zu den dargestellten Personen Sprech- oder Denkblasen anfertigen.
- Schüler stellen ihre Ergebnisse vor; unterschiedliche Interpretationen des Bildes sollten diskutiert werden.

Beispiel:

1. Gemälde Ludwigs XIV. von Hyacinthe Rigaud
2. Statue des Augustus von Primaporta
3. Abbildung der Drei-Stände-Ordnung aus dem Mittelalter
4. Bild von Bismarck mit Uniform und Pickelhaube

Weitere Hinweise:

Bei einem intensiveren und längeren Einstieg kann auch eine Bilderfolge beschrieben oder von den Schülern so gezeichnet werden, dass sie das vorgegebene Bild als Momentaufnahme beinhaltet („Was passierte vor/nach dieser Momentaufnahme?").

Zudem können zwei Bilder verwendet werden, die in einem thematischen Zusammenhang stehen bzw. bei denen Parallelen erkennbar sind, z. B. Ludwig XIV. – Friedrich der Große; Augustus-Münze – Münze von Karl dem Großen usw.

keine besonderen Voraussetzungen

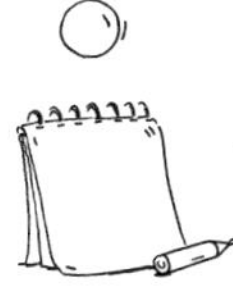
je nach Thema Modelle, altertümliche Gegenstände o. Ä.; ideal: Sitzhalbkreis, an Stirnseite: Tisch zum Vorführen

Durchführung:

- Lehrer präsentiert auf dem Tisch an der Stirnseite des Sitzhalbkreises das Modell/den altertümlichen Gegenstand kommentarlos und lässt diesen als stummen Impuls wirken.
- Schüler äußern Vermutungen über die Identität/die Funktion des Gegenstandes (evtl. an der Tafel notieren).
- Lehrer führt die Funktionsweise des Modells bzw. des Gegenstandes vor.
- Schüler sollen den Vorgang genau beobachten und anschließend beschreiben (evtl. auch schriftlich), evtl. auch selbst durchführen.
- Nach der Besprechung der Ergebnisse sollen die Schüler das Besondere bzw. Neue an dieser Entwicklung verbalisieren.

Beispiel:

1. Modell eines ägyptischen Wasserrades (sehr einfach selbst herzustellen)
2. Modell einer Dampfmaschine (im Spielwarenladen erhältlich)
3. altes Bügeleisen, alte Nähmaschine, …

Weitere Hinweise:

Dieser handlungsorientierte Einstieg bringt Schüler dazu, genau zu beobachten, aber auch nachzumachen und selbst auszuprobieren, um dadurch zu Erkenntnissen und Einsichten zu gelangen. Zudem eignet er sich bestens dazu, Spannung und Neugierde auf den unbekannten Gegenstand zu erzeugen.

2.12 Rätsel

ca. 7 Min. ab Kl. 5

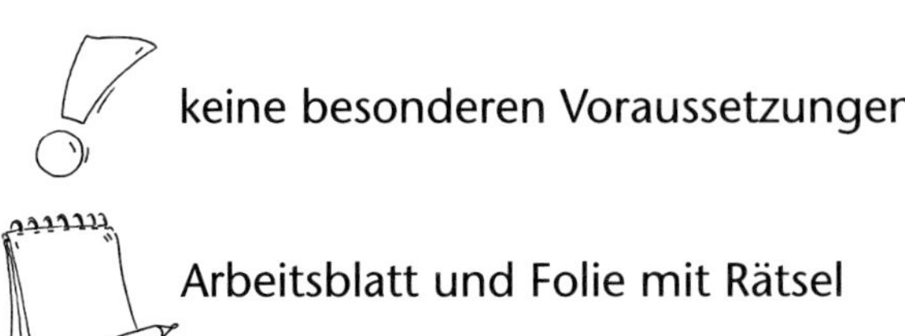

keine besonderen Voraussetzungen

Arbeitsblatt und Folie mit Rätsel

Durchführung:

- Schüler füllen in Partnerarbeit das Rätsel aus (einige Minuten Zeit geben).
- Das Team, das als erstes alle Lösungen hat, darf das Rätsel auf der Folie ausfüllen.
- Lehrer kann nach Bedarf zu einzelnen Begriffen zusätzliche Erläuterungen abfragen.
- Schüler äußern ihre Vermutungen darüber, was der Lösungsbegriff bedeutet bzw. welchen Zusammenhang er mit den anderen gesuchten Wörtern aufweist.

Beispiel:

	1	O	L	Y	M	P	I	**A**							
2	D	E	M	O	K	R	A	**T**	I	E					
							3	**H**	E	R	K	U	L	E	S
						4	Z	**E**	U	S					
						5	A	**N**	T	I	K	E			

Lösungswort: **ATHEN**

1 Für seine sportlichen Wettkämpfe berühmter Ort in Griechenland
2 Staatsform, in der alle Macht vom Volke ausgeht
3 Superheld der griechischen Sagenwelt
4 Oberster Gott der Griechen
5 Fachbegriff für „Altertum"

Weitere Hinweise:

Programme zur Zusammenstellung von Kreuzworträtseln gibt es zum kostenlosen Download. Das Lösungswort ist idealerweise das Stundenthema.

keine besonderen Voraussetzungen

unterschiedliche Materialien und Medienarten, z. B. CD-Player, Projektor, historische Karten, Bilder etc., die möglichst verschiedene Sinne ansprechen

Durchführung:

- Lehrer präsentiert kommentarlos und in relativ schneller Abfolge visuelle Medien (Bildquellen, Karten, Grafiken, ...), während zugleich zeitgenössische Musik, Ausschnitte von Reden o. Ä. zu hören sind.
- Schüler erhalten die Gelegenheit, nach diesem Feature (ca. 3–5 Minuten) spontan ihre Eindrücke zu äußern bzw. Fragen zu stellen (evtl. auch schriftlich), ohne dass diese Äußerungen bereits geordnet werden sollten.
- Besonders Eindrucksvolles und Widersprüchliches sollte im Laufe der Unterrichtsstunde auf jeden Fall thematisiert werden.

Weitere Hinweise:

Dieser Einstieg erfordert zwar etwas mehr Vorbereitung, sorgt aber durch die Vielfalt der dargebotenen Eindrücke für Aufmerksamkeit, Spannung und Überraschungseffekte. Zudem werden relevante Informationen vermittelt, die im Laufe der Stunde genutzt werden sollten. Selbstverständlich muss der Lehrer dieses Feature auf seine Klasse gut abstimmen, da man nur dann eine Überforderung seitens der Schüler vermeiden kann.

Kenntnisse zur Methode des Clusterns

Projektor; vorbereitetes Arbeitsblatt; DIN-A3-Bogen Papier; Schere; Klebstoff; Stifte

Durchführung:

- Vorhergehende Stunde: Zu einem neuen Thema wurden von den Schülern spontan Assoziationen gesammelt. Lehrer hat diese protokolliert.
- Lehrer überträgt die gesammelten Begriffe ungeordnet auf ein gerastertes Blatt Papier, das als Arbeitsblatt für die folgende Stunde für jeden Schüler kopiert wird.
- Zu Beginn der Stunde erhalten die Schüler dieses Blatt sowie einen DIN-A3-Bogen Papier.
- Schüler zerschneiden das Arbeitsblatt, um die Begriffe in eine ihren subjektiven Vorstellungen entsprechende Ordnung bzw. Struktur zu bringen (Aufkleben auf den großen Papierbogen). Dabei gilt:
  - Sie müssen nicht alle Begriffe verwenden und können selbst neue hinzuschreiben.
  - Sie sollen kreativ mit grafischen und gestalterischen Mitteln und Symbolen arbeiten.
- Schüler präsentieren ihre Cluster und erläutern ggf. die verwendeten grafischen Mittel. Den anderen Schülern sollte Gelegenheit für Zwischenfragen gegeben werden. Um Zeit zu sparen, können die Ergebnisse auch in Vierer-Gruppen oder mit der Methode des „Rotierenden Partnergesprächs" (vgl. S. 42) vorgestellt werden.

Weitere Hinweise:

Mit dieser ganzheitlichen Methode wird neben der kognitiven auch die kreative Ebene der Schüler angesprochen. Daher ist sie besonders bei solchen Themen einsetzbar, bei denen die Schüler schon Vorkenntnisse im Sinne von Alltagswissen, Erfahrungen, durchaus auch von Stereotypen haben.

Da hierbei besonders klar wird, mit welch unterschiedlichem Vorwissen die Schüler an ein Thema herangehen, können die Cluster in der weiteren Unterrichtsplanung gut zur Binnendifferenzierung herangezogen werden.

keine besonderen Voraussetzungen

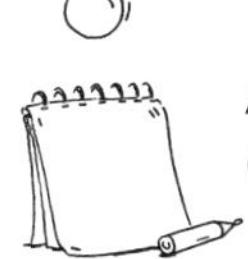

Arbeitsblatt mit zwei oder mehr kurzen, einander widersprechenden Quellen bzw. -auszügen

Durchführung:

- Lehrer verteilt Arbeitsblatt als stummen Impuls.
- Schüler äußern spontan ihre Hypothesen, Fragen und Behauptungen zu den Quellen. Das Festhalten der Äußerungen an der Tafel ist sinnvoll.
- Im weiteren Unterrichtsverlauf sollten diese wieder aufgegriffen, systematisch und quellenkritisch vertieft bzw. widerlegt und – sofern möglich – die tatsächliche historische Entwicklung dargestellt werden.

Beispiele:

1. Quellen zu den Kreuzzügen, z. B. Darstellung der Eroberung Jerusalems aus Sicht der Kreuzritter/der Araber
2. divergierende Herrscherdarstellungen, z. B. Kaiser Friedrich II.
3. unterschiedliche Aussagen zur napoleonischen Besatzungspolitik

Weitere Hinweise:

Wichtig ist, dass die beiden Quellen unterschiedliche Standpunkte, Perspektiven, Entscheidungsmöglichkeiten und Interessen widerspiegeln. Verschiedene Quellenarten sind möglich; bei Textquellen sollte auf eine angemessene Länge geachtet werden.

Durch diese Methode erkennen die Schüler die Multiperspektivität von Geschichte und entwickeln Interesse für die Auflösung des dargebotenen Widerspruchs. Die Quellen sollten einerseits relativ schnell erfassbar, andererseits hinreichend schwierig sein, um eine bloße, unreflektierte Zustimmung bzw. Ablehnung zu vermeiden.

Kenntnis der Methode des „Rotierenden Partnergesprächs"

eine Auswahl von Bildern aus Illustrierten, Zeitungen, Internet, eigene Fotos zu einem bestimmten Thema

Durchführung:

- Bilder werden in der Mitte eines Sitzkreises ausgelegt.
- Jeder Schüler sucht sich ein Bild aus, das ihn besonders anspricht.
- Mit der Methode des „Rotierenden Partnergesprächs" stellt nun jeder dem gegenübersitzenden Partner sein Bild vor und erläutert, welche Gedanken, Empfindungen, Vorstellungen, Erfahrungen er damit verknüpft: Dazu werden ein Innen- und ein Außenkreis gebildet, sodass sich jeweils zwei Partner gegenübersitzen (vgl. Abbildung). Der Partner innen erzählt, während der Partner außen Fragen stellen oder Kommentare geben kann. Nach zwei Minuten rückt der gesamte Innenkreis einen Platz nach rechts. Nun erzählt der Partner außen usw.
- Nach einigen Durchgängen bilden sich Kleingruppen (max. fünf Schüler), die ihre Bilder in eine sinnvolle Reihenfolge bringen sollen. Dabei kommt es nicht so sehr auf die chronologisch exakte Reihenfolge an; vielmehr soll eine Bildergeschichte (evtl. Überschrift, Bildunterschriften, Sprechblasen) entstehen.
- Die Gruppen stellen ihre Ergebnisse vor.

Beispiele:

Vertiefung/Thema: „Bilder der Jugend": Jungen in Matrosenuniform (Wilhelminismus) – Wandervogelbewegung – Swing-Jugend – Hitlerjugend – Halbstarke – Hippies – Punks – FDJ – Love-Parade – geliftete, ältere Frau in „trendiger" Kleidung (Jugendwahn) – …

Weitere Hinweise:

Diese Methode kann auch weniger zeitaufwendig gestaltet werden: Die Schüler wählen die ihrer Meinung nach drei aussagekräftigsten Bilder aus, die sie dann vorstellen.

Rotierendes Partnergespräch

keine besonderen Voraussetzungen

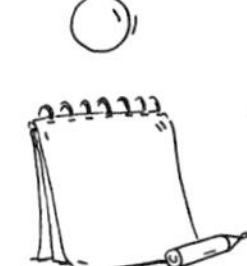

geeignetes „Zeitreisenbild" zusammenstellen (vgl. Beispiele) als Folie und Arbeitsblatt; Projektor

Durchführung:

- Bild wird projiziert und als Arbeitsblatt (möglichst farbig; wenn schwarzweiß: farbige Gestaltung durch die Schüler möglich) ausgeteilt.
- Schüler beschreiben die Gestaltungselemente (Bestandteile, auffällige Details, Anordnung, Perspektive, ...); evtl. stichpunktartiges Festhalten an der Tafel.
- In Partnerarbeit sollen die Schüler Personen/Bauwerke (grob) identifizieren und zeitlich (in etwa) zuordnen. Zur Erleichterung können die Begriffe zu den Bildern vorgegeben und von den Schülern zugeordnet werden.
- Sie überlegen, welchen Sinn das Bild vermittelt.

Beispiele:

Das Zeitreisenbild kann verschiedene Personen/Ereignisse/Bauwerke etc. aus verschiedenen Epochen enthalten; wichtig dabei ist die chronologische Anordnung und Perspektive, z. B. von der Gegenwart aus zurück oder von Beginn der Menschheitsgeschichte nach vorne; auch möglich: Gestaltung unter einem thematischen Schwerpunkt, z. B. Entwicklung der Landwirtschaft, der (industriellen) Produktionsweise etc.

Leitfragen zur Bildinterpretation:

1. „Woher kennen wir die Geschichte dieser Kulturen?"
2. „Warum sind all diese Ereignisse in einem Bild dargestellt?"
3. „Wo steht der Betrachter und wo blickt er hin?"
4. „Was bedeutet ‚Perspektive'?"
5. „Was möchte das Bild aussagen?"

Weitere Hinweise:

Die Schüler nähern sich mithilfe dieses Zeitreisenbildes spielerisch der Methodik der Bildbetrachtung/-quellenanalyse (Beschreibungs-, Erklärungs-, Deutungsebene) an.

Mögliche Variation: Das Bild wird zu Beginn nur zehn Sekunden lang präsentiert; die Schüler sollen aufzählen, woran sie sich erinnern, und begründen, weshalb sich gerade dies bei ihnen eingeprägt hat.

evtl. Internetrecherchemöglichkeit

zentraler Materialientisch (idealerweise im Sitzkreis) mit Abbildungen zu unterschiedlichen historischen Personen/Ereignissen/Bauwerken (je nach Thema), hier: aus verschiedenen Epochen; Papier; Bastelmaterial

Durchführung:

- Lehrer erklärt das Prinzip der Collage.
- Schüler gestalten in Gruppen mithilfe des vorhandenen (und evtl. noch recherchierten) Materials eine Zeitreisen-Collage (Zeitspanne je nach Unterrichtssequenz/Stundenziel zu wählen).
- Einzelne Schüler stellen ihre Ergebnisse vor und begründen zum einen die Auswahl der Motive, zum anderen deren (chronologische) Anordnung.
- Unterschiedliche Ergebnisse können thematisiert werden. Leitfragen hierzu z. B. „Wie können wir die Abbildungen zeitlich einordnen?", „Woher wissen wir, wie die Menschen damals lebten?", „Was bedeutet deine Collage?"

Weitere Hinweise:

Eine solche Collage kann zu einzelnen historischen Epochen oder Themenkomplexen angefertigt werden. Es erfolgt eine ungezwungene Annäherung an die Methodik der Bildbetrachtung/-quellenanalyse (Beschreibungs-, Erklärungs-, Deutungsebene).

Da die Vorbereitung bzw. Bereitstellung des Materials sehr aufwendig ist, kann dies auch als Vorbereitung der Schüler geschehen, sodass diese ihr Material selbst mitbringen.

Vorstellungsvermögen zur Chronologie; Kenntnis der Methode zur Erstellung eines Zeitstrahls (Maßstab, Umsetzung von Zeiträumen in eine grafische Darstellung)

persönliche Fotos, Zeichnungen, etc.; Papier; langer Zeitstrahl, der im Klassenzimmer aufgehängt sein sollte

Durchführung:

- Schüler verorten sich in einem (schon vorhandenen, evtl. in der Stunde vorher ausgearbeiteten) Zeitstrahl, der bis zur Gegenwart reicht (Anfangspunkt je nach Thema zu wählen), indem sie ihr „Auftreten“ in Relation ausrechnen (z. B. Erdzeitalter – Auftreten des Menschen – der „moderne“ Mensch), d. h. sie tragen ein, wann sie als Person in der Geschichte „auftreten“ würden.
- Sie gestalten dann ihren persönlichen Zeitstrahl auf einem Blatt Papier: wichtige Daten, Personen etc. eintragen, Zeichnungen anfertigen, Bilder / Kopien einkleben etc. Eine Vorgabe der Anzahl an „Wegmarken“, die gesetzt werden sollen, ist hilfreich.
- Einige Schüler stellen ihre Ergebnisse vor, wobei sie ihre Auswahl an „Wegmarken“ begründen sollen, z. B. „Erkläre, weshalb das Jahr deiner Einschulung / die Geburt deiner Schwester etc. für dich wichtig ist.“
- Alle oder nur ausgewählte Ergebnisse werden an das Ende des „großen“ Zeitstrahls geheftet.

Weitere Hinweise:

Gerade bei der Erstbegegnung mit dem Fach motiviert dieses Vorgehen, da die Schüler sich selbst als Teil der Geschichte erfahren und ihre persönliche Biografie reflektieren.

Im angeführten Beispiel lernen sie zudem die Relation ihrer Geschichte im Vergleich zur Menschheits- bzw. diese wiederum im Vergleich zur Erdgeschichte kennen.

Kenntnisse zur Gestaltung einer Zeitungsseite

Materialientisch mit Zeitungen, Bildern, Comics, Zeichnungen etc. zum behandelten Thema (idealerweise in der Mitte eines Sitzkreises); Scheren; Kleber; Stifte

Durchführung:

- Lehrer präsentiert Thema als stummen Impuls an der Tafel.
- Schüler notieren als Vorarbeit assoziativ Vorwissen zum Thema sowie Fragen/ Vermutungen; sie ordnen dies dann thematisch (z. B. Thema „Rom": Lebensweise der Menschen, Staatsform(en), Kultur, Erziehung, ...) und suchen sich passendes Material dazu vom Materialientisch.
- Schüler gestalten in Partnerarbeit eine Zeitungsseite.
- Einige Schülerergebnisse werden präsentiert; evtl. findet bereits eine Auswahl statt, welche Seiten als Wandzeitung ausgehängt werden (ideal: Schüler-Jury).

Weitere Hinweise:

Zur Erleichterung kann der Lehrer auch eine Vorlage für die Wandzeitung entwerfen (Folie oder Arbeitsblatt).

Der Einstieg kann unter Integration diverser anderer Fächer (Deutsch, Sozial-/ Gesellschaftskunde, Kunst) leicht zum Projekt ausgebaut werden.

Die Schüler lernen hierbei ein assoziatives Verfahren kennen, mit dessen Hilfe sie sich auf subjektive Art Begriffen annähern können, ohne dass es hier um eine Beurteilung in „richtig" oder „falsch" geht.

Die Methode ist besonders gut geeignet für Themen, für welche die Schüler auch außerschulisches Interesse bzw. Affinität zeigen, z. B. Ägypten, Rom, Mittelalter.

Vorstellungsvermögen zur Chronologie; Kenntnis der Methode zur Erstellung eines Zeitstrahls (Maßstab, Umsetzung von Zeiträumen in eine grafische Darstellung)

Stift; Heft oder Papier; Folie; Text; evtl. Abbildungen

Durchführung:

- Schüler erstellen (im Heft oder auf Folie) einen Zeitstrahl, wobei die Jahreszahlen für Anfangs- und Endpunkt je nach Thema zu wählen sind.
- Sie lesen einen Text (Arbeitsblatt, Lehrbuch), der einen groben Überblick über die Epoche vermittelt.
- Schüler tragen die drei ihrer Meinung nach wichtigsten Ereignisse der Epoche in den Zeitstrahl ein.
- Evtl. Ausgestaltung durch Zeichnungen, eingeklebte Abbildungen o. Ä.
- Einige Schülerlösungen werden vorgestellt. Die Schüler sollen dabei ihre Auswahl begründen.
- Im Plenum wird darüber diskutiert, welche Ereignisse/Errungenschaften noch in der Gegenwart relevant sind.

Weitere Hinweise:

Hier liegt der Fokus bewusst nicht auf der „richtigen“, sondern auf der subjektiven Auswahl der Ereignisse sowie der Fähigkeit, diese nachvollziehbar zu begründen. Die Schüler erfahren außerdem die Auswirkungen historischer Ereignisse auf die Gegenwart.

Das Verfahren, historische Informationen grafisch in einem Zeitstrahl umzusetzen, bietet gerade visuellen Lerntypen ein passendes „Lernwerkzeug“, um historische Abläufe zu begreifen. Es kann auch gut am Ende einer Sequenz zu jedem beliebigen Thema zur Zusammenfassung und Wiederholung eingesetzt werden.

Raum muss abgedunkelt werden können

eine ansprechende, altersgerechte Zeitreisenerzählung; CD-Player; meditative Instrumentalmusik; evtl. Schreibunterlage und Wortkarten als Formulierungshilfen

Durchführung:

- Einführungs- und Einstimmungsphase: Instrumentalmusik mit entspannender Wirkung und Abdunkeln des Raumes; Aufforderung an die Schüler, sich zu entspannen (bequemes Sitzen/Liegen; ruhiges Atmen; Schließen der Augen).
- Lehrer übernimmt „Reiseleitung“: Ruhiges, „meditatives“ Vortragen der Zeitreisenerzählung zum Thema mit kleineren Pausen.
- Schüler sollen nach der Rückkehr in die Gegenwart ihre Eindrücke verbalisieren oder notieren; hier ausschließlich die affektive Ebene ansprechen, evtl. Wortkarten mit Formulierungshilfen bereitlegen (z. B. *In dieser Situation würde ich persönlich … empfinden.*)
- Danach kann sich eine kurze Diskussion anschließen (ideal: Schüler befragen sich gegenseitig, z. B. „Warum hättest du in dieser Situation Angst gehabt?“)

Beispiel:

Beispiele für Fantasiereise-Geschichten findet man auf www.phantasiereisen.com (z. B. Fantasiereise zum Thema „Mittelalter“). Individueller auf die Gruppe und das Thema abgestimmte Fantasiereisen müssen vom Lehrer selbst entworfen werden.

Weitere Hinweise:

Lernpsychologisch erleben die Schüler einen rein affektiven Zugang zum Thema (Emotionalisierung, Erzeugung von Identifikation, Anteilnahme). Ihre Imaginationsfähigkeit (Entwicklung von Vorstellungsbildern von Geschichte) wird sensibilisiert, ihre Kreativität angeregt.

Zudem stellt diese Methode durch Kontemplation auf angenehme Art eine Disziplinierung durch Selbstbesinnung her (z. B. in Stunden nach der Pause).

Kenntnisse hinsichtlich der Gestaltung einer Erzählung bzw. des Ausgestaltens eines Erzählkerns

Schreibmaterial; Materialtisch mit Bildern, Atlanten, Sachbüchern; evtl. Arbeitsblatt

Durchführung:

- Lehrer stimmt Schüler durch die Gestaltung einer fiktionalen Situation (vgl. Beispiele) ein.
- Schüler gestalten hierzu eine kurze Erzählung; unsichere bzw. unkreative Schüler können sich Bilder, Atlanten, Sachbücher zur Anregung holen. Sie üben anschließend das sinngestaltende Vorlesen ihrer Geschichte.
- Unterschiedliche Ergebnisse werden präsentiert.
- Währenddessen hält der Lehrer relevante Begriffe, die in den vorgetragenen Geschichten erscheinen, in Form einer Mindmap an der Tafel fest.

Beispiele:

1. Thema: „Ein Tag im alten Ägypten“:
   „Stelle dir vor, du lebtest 1250 Jahre v. Chr. in Memphis in Ägypten. Erzähle einen Tag aus deinem Leben.“
2. Thema: „Alltagsleben im Mittelalter“:
   „Versetze dich gedanklich in die Welt des Mittelalters. Beschreibe, wie dein Leben abläuft.“ (Leitfragen: „Lebst du in einer Stadt, auf dem Dorf, auf einer Burg?“, „Zu welcher Schicht gehörst du?“, „Was sind deine Eltern von Beruf?“etc.)

Weitere Hinweise:

Diese Methode ist zugleich affektiv und kognitiv und regt so die Kreativität und Imaginationsfähigkeit der Schüler an.

Unterschiede in der Ausgestaltung können thematisiert werden (beispielsweise wenn eine Erzählung aus unterschiedlichen gesellschaftlichen Rollen, wie Handwerker oder Pharao, heraus gestaltet wird), auf die in der Mindmap notierten Begriffe sollte eingegangen werden und dabei auch die Frage gestellt werden, ob es sich nicht (nur) um Klischees handelt.

Varianten: Ausgestaltung eines vorgegebenen Erzählanfangs oder -kerns (ideal: Ich-Perspektive); Vorgabe unterschiedlicher Perspektiven/gesellschaftlicher Rollen; Impuls durch offenes Ende, sodass eine Frage im Raum steht, ohne dass der Lehrer sprachliche Aufforderungen an die Klasse stellt.

ideal: Sitzkreis oder Hufeisenform; großer Tisch in der Mitte

Bauteile eines jugendgerechten Modells (z. B. in Spielzeugläden zu erwerben), evtl. Legosteine oder Papp-Modell; Materialtisch mit Lexika, Abbildungen, Textquellen, …

Durchführung:

- Lehrer stellt in ungeordneter Reihenfolge die Bauteile eines Modells auf den Tisch in der Mitte des Sitzkreises und lässt diese als stummen Impuls wirken.
- Schüler – evtl. vorher in feste Bauabschnittsgruppen eingeteilt – beginnen, die Einzelteile ohne Bauplan zusammenzustellen.
- Anhand weiterer Bilder und Quellen über die Konstruktion des entsprechenden Bauwerks veri- bzw. falsifizieren die Schüler ihre ursprüngliche Konstruktion und korrigieren sie.

Beispiele:

1. neolithisches Langhaus
2. Hügelgrab
3. Pyramide
4. Sarkophag
5. Amphitheater
6. attisches Wohnhaus
7. pompeijanische Villa
8. Aquädukt
9. Ritterburg
10. mittelalterliches Dorf
11. mittelalterliche Kirche
12. Hanse-Kogge

Weitere Hinweise:

Stärker schülerzentriert bzw. handlungsorientiert, jedoch ungleich zeitaufwendiger, ist natürlich, die Planung des Modells durch die Schüler anfertigen zu lassen. Dies bietet sich z. B. bei der relativ simplen geometrischen Form der Pyramide an.

Sollte kein Modell vorhanden sein, so gibt es von einzelnen Spielzeugfirmen oder Verlagen auch Papp-Modelle, die Gebäudeteile schon vorgestanzt haben bzw. Schablonen oder Schnittmuster.

Suchen und Einladen einer geeigneten Person; kommunikative Sitzordnung, z. B. Hufeisen oder Sitzkreis; gutes Kommunikationsverhalten der Klasse

zusätzliche Quellen und Informationsmaterial

Durchführung:

- Experte gibt einen einführenden, nicht allzu ausführlichen Vortrag zu einem bestimmten Thema oder demonstriert etwas.
- Schüler machen sich Notizen.
- Anschließende Befragung des Experten.
- Zusätzliche Quellen zum Thema erlauben es den Schülern, die Informationen des Experten einzuordnen; mögliche Leitfragen (je nach Thema): „Ist er ein typischer Vertreter seiner Generation / einer bestimmten Denkweise / Ideologie?", „Welchen Stellenwert hat sein Beruf heute?", „Wie wurde/wird mit Vertretern dieser Gruppe damals / heute umgegangen?", …

Beispiele:

Expertenvorträge im Sinne der *oral history* bieten sich logischerweise nur bei Themen der Zeitgeschichte an, z. B.:

1. Erziehung und Unterricht im Dritten Reich
2. Widerstand im Nationalsozialismus
3. Kindheit im Nachkriegsdeutschland
4. Protesthaltungen in der BRD (68er-Bewegung, Hippies, Punks)
5. Alltagsleben in der DDR

Möglich wäre auch, alte, nicht mehr gebräuchliche Gegenstände von einem Experten vorführen und erklären zu lassen (z. B. ein manuell betriebenes Spinnrad) oder den Experten in seinem Umfeld zu besuchen (Unterrichtsgang).

Weitere Hinweise:

Diese Methode kann – besser als Zeitzeugeninterview – durchaus auch als Einstieg ergiebig sein, wenn der Experte für die Sequenz tatsächlich Interessantes beizutragen hat (dies muss der Lehrer im Vorfeld bereits abgeklärt haben) und das Thema so beschaffen ist, dass die Schüler mit natürlicher Neugierde und Vorkenntnissen genauere Informationen erwarten.

Zudem muss natürlich bei brisanteren Themen äußerst sensibel vorgegangen werden, sodass in diesem Falle der Einstieg nur in kommunikativ „geschulten" Klassen durchgeführt werden sollte.

keine besonderen Voraussetzungen

Film zum Thema; entsprechende technische Ausstattung (optimal: DVD-Player und Beamer); Tafel; Heft

Durchführung:

- Lehrer zeigt aussagekräftigen Ausschnitt des Films; die erste Unterbrechung sollte bei einer inhaltlichen oder dramaturgisch relevanten Stelle erfolgen.
- Schüler notieren: Wer sind die Hauptpersonen? In welcher Zeit spielt die Handlung? Was ist der zentrale Konflikt? …
- Ergebnisse vorstellen, durch zusätzliche Informationen (Quellen/Lehrervortrag) ergänzen und festhalten.
- Schüler formulieren in Partnerarbeit begründete Vermutungen, wie der Konflikt weitergehen könnte.
- Anhand der weiteren Filmhandlung können diese Hypothesen überprüft werden.

Beispiele:

Mögliche Filme:

1. „Königreich der Himmel"
2. „Luther"
3. „Schindlers Liste"
4. „Das Leben ist schön"
5. „Sophie Scholl"
6. „Der Untergang"
7. „Das Leben der Anderen"

Weitere Hinweise:

Variante: Schon vor dem Anschauen können die Schüler mit dem Titel des Filmes konfrontiert werden und spontan dazu Fragen, Assoziationen, Vermutungen etc. notieren. Die (Nicht-)Erfüllung der Erwartungshaltung kann später thematisiert werden.

Fähigkeit zur Organisation und Durchführung von Rollen- und Stegreifspielen

evtl. szenische Vorlagen; Arbeitsblatt mit Beobachtungsaufträgen

Durchführung:

- Schüler bilden Gruppen (Größe je nach Szene) und entscheiden gemeinsam, wer welche Rolle besetzt (evtl. Festlegung eines Spielleiters pro Gruppe hilfreich).
- Schüler erarbeiten sich kurz ihre Rollen, wobei es primär darum geht, dass sie sich in den Charakter/die Funktion/den Beruf etc. ihrer Figur einarbeiten, sekundär um die (exakte) Beherrschung eines evtl. schon vorgegebenen Textes. Bei stärkerer Schülerzentrierung und entsprechendem Vorwissen kann dieser natürlich auch von den Schülern erarbeitet werden.
- Evtl. kann der Einsatz von Requisiten/das Umfunktionieren von Alltagsgegenständen erwogen werden; sie sollten jedoch nicht allzu viel Gewicht erhalten.
- Die Gruppen spielen nacheinander vor, die Zuschauer erhalten Beobachtungsaufträge (z. B. Wie verhalten sich die Personen zueinander? (Woran) ist ihre gesellschaftliche Rolle/Macht erkennbar? Beschreibe die Stimmung dieser Szene.).
- Die unterschiedlichen Interpretationen werden diskutiert.

Beispiele:

1. Nachspielen einer antiken Tragödienszene; evtl. auch Anfertigung von entsprechenden Masken und Kostümen (z. B. Kothurnen) möglich; Aufzeigen der Funktion des attischen Theaters möglich
2. Krönungszeremonien (Karl der Große, Napoleon); Gerichtssituationen (Luther vor dem Wormser Reichstag; Galilei vor dem Inquisitionsgericht); hierzu gibt es häufig Quellentexte oder Bildquellen, die von den Schülern dramatisiert werden können
3. Beginn der Sequenz „Revolution von 1848/49 und Reaktion": Szenenvorgabe etwa: „Stammtisch im Jahre 1847 – Leute unterschiedlicher politischer Überzeugungen treffen zusammen, debattieren über die Politik der letzten Jahre und entwerfen schließlich sogar eine gemeinsame Verfassung für ganz Deutschland …"

Weitere Hinweise:

Die ganzheitliche Methode zur Auseinandersetzung mit historischen Ereignissen fördert die Einsicht in deren Multiperspektivität.

grundlegende Kenntnisse zum Umgang mit dem Internet und dem Computer; ideal: Kenntnis von Recherchetechniken (Operatoren, Suchmaschinen, Kataloge etc.)

zusätzliche Quellen und Informationsmaterial; Computer mit Internetzugang

Durchführung:

- Schüler recherchieren in Zweier- oder Dreiergruppen zu einem bestimmten Thema (Möglichkeiten: Alle Gruppen erarbeiten das gleiche Thema/die Gruppen recherchieren arbeitsteilig bestimmte Teilaspekte).
- Lehrer gibt ggf. Hilfestellung (Suchbegriffe, Suchmaschinen, Recherchepfade vorschlagen).
- Die Gruppen fassen ihre Ergebnisse zusammen und tragen sie in einer kleinen Präsentation (evtl. mit Handouts, Plakaten, Anschauungsmaterial) vor.

Beispiele:

Recherche zu berühmten Personen der Renaissance, die wichtige Erfindungen/Entdeckungen getätigt haben, z. B. Leonardo da Vinci, Johannes Gutenberg, Galileo Galilei, Christoph Columbus, …

Hierbei könnte als Arbeitsblatt ein „Steckbrief" der Personen auszufüllen sein, der die wichtigsten Lebensstationen, v. a. aber die Werke enthält; zudem sollten die Schüler genauer recherchieren, worin das Revolutionäre der Entdeckung/Erfindung besteht, was sich dadurch grundlegend verändert hat und in welchem Bereich/für welche Berufe die Erfindung wichtig ist usw.

Weitere Hinweise:

Möglich ist es, die Schüler auf Seiten zu lenken, die widersprüchliche oder auch (offensichtlich) falsche Informationen enthalten, um dies später zu thematisieren und auf die Notwendigkeit einer zusätzlichen Recherche in Lexika, Fachbüchern etc. zu verweisen.

Neben dem selbstständigen Recherchieren und Aufbereiten von Informationen mithilfe moderner Medien erfahren die Schüler so die Notwendigkeit, diese auf ihren Wahrheitsgehalt hin reflektieren zu können.

Veränderungsmöglichkeit der Sitzordnung

Plakat; Arbeitsblatt; Tafel; Heft

Durchführung:

- Lehrer schreibt einen Oberbegriff an die Tafel.
- Schüler sollen in Partnerarbeit die Buchstaben des Alphabets als Anfangsbuchstaben für Wörter verwenden, die sie mit dem Oberbegriff in Verbindung bringen (Arbeitsblatt; zeitliche Vorgabe).
- Die Ergebnisse werden an der Tafel gesammelt, wobei jedes Zweierteam mindestens ein Ergebnis beitragen sollte. Bei „abwegigeren" Assoziationen sollen die Schüler dazu aufgefordert werden, ihre Gedanken zu erläutern.
- In Kleingruppen sollen die Schüler dann mithilfe der Mindmap-Technik die Begriffe inhaltlich sortieren und Oberbegriffe dafür finden (bzw. sie vorgegebenen zuordnen). Ihre Ergebnisse halten sie auf einer Folie fest.
- Unterschiedliche Ergebnisse werden diskutiert.
- Jeder Schüler formuliert nun drei Themen oder Fragestellungen, die ihm im Zusammenhang mit dem Thema der Sequenz wichtig erscheinen.
- Eine Gliederungsstruktur und einzelne Ergebnisse zu Themenstellungen werden festgehalten.

Beispiele:

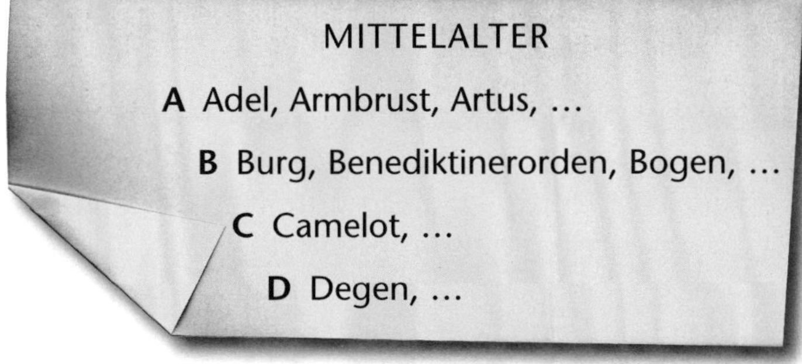

Weitere Hinweise:

Die Lerngruppe hat selbstständig ein Themengerüst für eine potenzielle Gliederung der Unterrichtseinheit erstellt, auf das der Lehrer in den folgenden Stunden zurückgreifen kann. Zudem weiß er von vornherein, wo die Interessensschwerpunkte seiner Schüler liegen und sollte dies bei der Planung seiner Einheit berücksichtigen.

sicheres und selbstständiges Bewegen im Straßenverkehr; Fähigkeit des Kartenlesens; evtl. Vorhandensein originaler Überrestquellen am Schulort; evtl. Begleitung mehrerer Lehrer/Eltern

Informationsmaterial über den Schulort/die baulichen Überreste (Stadtarchiv, -museum, Tourismusbüro, Rathaus o. Ä.), Stadtpläne, Aufgabenblätter an den Stationen

Durchführung:

- Schüler werden in Gruppen eingeteilt und mit einem Stadt-/Stationenplan ausgestattet.
- Sie suchen bestimmte Stationen/Gebäude mithilfe von Beschreibungen/Bildern.
- Schüler lösen die Aufgaben (siehe Beispiele) an den Stationen.
- Auswertung der Ergebnisse vor Ort („Lösungsstation“) oder zurück in der Schule.

Beispiele:

1. Standort im Stadtplan suchen/markieren
2. Ladeninhaber/Stadtarchivar zur (früheren) Funktion eines Gebäudes befragen
3. Bauwerke skizzieren/beschreiben/vermessen
4. historische Stadtpläne im Stadtmuseum auswerten/mit aktueller Karte vergleichen
5. Sagen zu den Gebäuden recherchieren

Weitere Hinweise:

Dieser Einstieg in eine neue Sequenz ist relativ aufwendig. Je nach Thema der Sequenz und den örtlichen Gegebenheiten können die Stationen und Fragen gestaltet werden. Die Schüler erkennen so, dass jeder Ort historisch gewachsen, d. h. von Menschen geformt ist, und begreifen Kultur und Architektur als historisch veränderbare Erscheinungsformen. Dies kann gerade bei der Erstbegegnung mit dem Fach, jedoch auch bei höheren Klassen im Hinblick auf die oft gestellte Frage „Was geht uns Geschichte an?“ motivieren.

Als Variante können pro Gruppe unterschiedliche Aufgaben gestellt werden; die Auswertungsphase erfolgt dann als „Expertenvortrag“ der einzelnen Gruppen.

sicheres Bewegen im Straßenverkehr; Vorhandensein originaler Überrestquellen am Schulort; evtl. Begleitung mehrerer Lehrer/Eltern

Informationsmaterial über aktuelle Funde/Entdeckungen/Ausgrabungen (Stadtarchiv, -museum, Tourismusbüro, Rathaus o. Ä.)

Durchführung:

- Ein Unterrichtsgang mit der Klasse zu einer aktuellen Ausgrabung, Baustelle, Restaurationsarbeiten, einem Denkmal etc. wird organisiert. Der Ort soll einen direkten Bezug zu der neuen Unterrichtssequenz haben.
- Die Klasse nimmt an einer Führung teil oder arbeitet selbst in Gruppen (je nach Art des Erkundungsganges).
- In den Folgestunden werden die Ergebnisse ausgewertet.

Beispiele:

1. Kriegerdenkmäler als Einstieg in Sequenzen zum Ersten oder Zweiten Weltkrieg: Über die Untersuchung der Gestaltung (Standort, Form, Material, Inschriften, Symbole …) hinaus kann nach der Einweihungsfeier, den Stiftern o. Ä. geforscht und über den „Sinn" oder die Berechtigung des Denkmals diskutiert werden.
2. Bei Bauarbeiten werden Überreste historischer Bauwerke (mittelalterliche Stadtmauern, keltische Siedlung, …) sichtbar; das Thema ist in den Lokalnachrichten präsent; die Archäologen, die Sicherungsgrabungen vornehmen, sind häufig bereit, ihr Spezialistenwissen und den Stand der Forschungen mitzuteilen; in Gruppenarbeit können Fundstücke skizziert, der Ausgrabungsort fotografiert werden etc.
3. Restaurationsarbeiten in oder an Schlössern, Kirchenfresken, Domtürmen etc. dauern oft jahrelang. Hier bietet sich ein Erkundungsgang an (evtl. mit Interviews der Experten) unter den Leitfragen „Warum restaurieren wir alte Gebäude überhaupt?", „Was kostet dies?", „Wie wird das finanziert?", „Wie lange dauert die Restauration eines Deckenfreskos?", „Mit welchen Techniken wird gearbeitet?"

Weitere Hinweise:

Die Schüler können hier entdeckend tätig werden und erhalten Einblicke in Forschungstätigkeiten. Sie begreifen, wie sich jeder Ort im Laufe der Geschichte verändert. Die zugegebenermaßen aufwendige Methode ist gerade bei der Erstbegegnung mit dem Fach, jedoch auch bei höheren Klassen sehr motivierend.

Vertrautheit mit den Techniken der Bildquellenanalyse, genügend Platz, variable Sitzordnung möglich

entsprechende Karikaturen als Wandposter, Arbeitsblatt

Durchführung:

- Aufhängen von bis zu sechs Karikaturen (ideal: gute Vergrößerung) an den Wänden des Klassenzimmers.
- Schüler bilden Zweier- oder Dreierteams, die sich untereinander über eine Karikatur austauschen (Thema, Interpretation, Bedeutung).
- Auf ein Signal nach jeweils drei Minuten hin gehen die Gruppen im Uhrzeigersinn immer eine Karikatur weiter, bis der Rundgang abgeschlossen ist.
- Die Gruppen erhalten nun vom Lehrer eine Karikatur auf einem Arbeitsblatt, die sie unter bestimmten Fragestellungen genauer erschließen sollen.
- Die „Expertengruppen" stellen dann in einem neuerlichen Rundgang die Ergebnisse zu ihrer Karikatur vor; andere Ansichten bzw. Deutungen durch die anderen Gruppen werden diskutiert, offene Fragen notiert und geklärt.

Beispiele:

Untersuchungskategorien z. B.:

1. Gestaltungsmittel: besondere Auffälligkeiten/Fokus/Symbole/Farbgebung/Details …
2. Inhaltsebene: Wer sind die dargestellten Personen? Was bedeuten evtl. vorhandene Bildunterschriften? …
3. Deutungsebene: Aussage/Thema/Tendenz der Karikatur/Intention des Zeichners…; eigene Meinung/weitere, noch offene Fragen …

Weitere Hinweise:

Besonders ergiebig und vielfältig ist die Quellenlage bei:

Luther/dem Papst, zur Aufklärung/Französischen Revolution, zu Napoleon, zu Bismarck, zum Imperialismus/Kolonialismus, zu Hitler, zur Teilung Deutschlands, …

Neben dem Überblick zu Interpretationen eines Gesamtthemas wird hier der Umgang mit der Quellenart „Karikatur" vertieft. Bei Klassen, für die diese neu ist, kann dann zusammenfassend erarbeitet werden, was eine Karikatur ist und bezweckt.

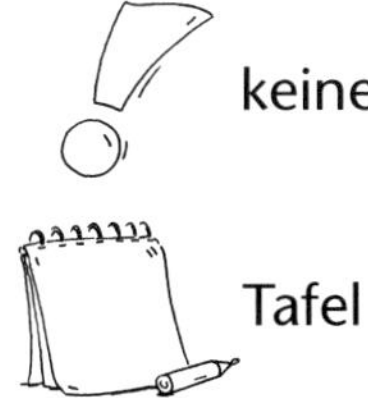

keine besonderen Voraussetzungen

Tafel

Durchführung:

- Lehrer schreibt als stummen Impuls die Frage „Was wollt ihr heute zu unserem Thema Neues erfahren?" an die Tafel.
- Schüler sollen begründet antworten.
- Unbegründete oder sinnlose Aussagen werden abgewiesen, fundierte an der Tafel notiert.
- Im Anschluss werden diese zusammenfassend evaluiert.

Beispiel:

Dieser Einstieg bietet sich immer dann an, wenn in der unmittelbar vorhergehenden Stunde (vS) Ergebnisse offen geblieben sind, also besonders bei:

1. historischen Entwicklungen, deren einzelne Stationen auf mehrere Unterrichtsstunden verteilt werden,
   z. B. vS: Wie lebten die Menschen in der (Alt-)Steinzeit?
   ® Wie passen sich die Menschen an, wenn sich die Lebensumstände verändern (Klima, Aussterben bestimmter Tierarten, ...)? Wie organisieren sie ihr Zusammenleben? Bilden sich Herrschaftsstrukturen heraus? Welche? ...
2. thematisch eng miteinander verwandten Teilthemen,
   z. B. vS: Wozu dienten die Pyramiden im alten Ägypten?
   ® Woran glaubten die Ägypter? Hatten sie eine Jenseitsvorstellung wie im Christentum? ...
3. Problemen, Konflikten, Kriegen,
   z. B. vS: Wie verlief der Dreißigjährige Krieg?
   ® Wie ging er zu Ende? Gab es einen eindeutigen Gewinner/Verlierer? Was ist die Bilanz dieses langen Krieges? Wie ging es der einfachen Bevölkerungen danach? ...

Weitere Hinweise:

Bei diesem Einstieg, der völlig auf jeglichen Überraschungseffekt verzichtet, geht es darum, dass die Schüler selbstständig reflektieren und in klar formulierten Äußerungen an das vorhergehende Stundenthema anknüpfen.

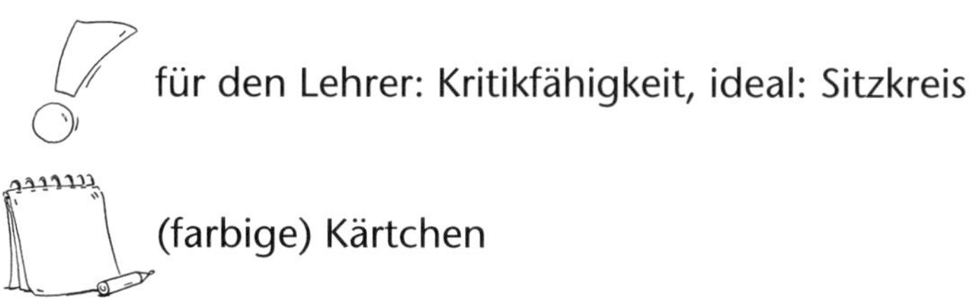

für den Lehrer: Kritikfähigkeit, ideal: Sitzkreis

(farbige) Kärtchen

Durchführung:

- Lehrer regt die Schüler zu einer Diskussion über die Lernatmosphäre und Stoffvermittlung an.
- Es empfiehlt sich, bestimmte Gesprächs- und Spielregeln zu vereinbaren. Beispiel: Gesprächsteilnehmer (auch Lehrer) muss sich evtl. Kritik zunächst kommentarlos anhören, ohne sich gleich zu rechtfertigen.
- Lehrer stellt Fragen (vgl. Beispiele).
- Schüler erhalten pro Frage ein Kärtchen (evtl. farbig einer Frage zugeordnet), notieren ihren Namen und stichpunktartig ihre Aussagen, die sie als Gedächtnisstütze für die Diskussion verwenden können. Werden die Kärtchen im Klassenzimmer aufgehängt, kann nach einer der nächsten Sequenzen nochmals überprüft werden, ob sich „Kritisches" schon verändert hat.
- Die einzelnen Fragen werden nacheinander abgehandelt.

Beispiele:

Zu diskutierende Fragstellungen (wichtig: offene Formulierungen!) können sein:

1. Inwiefern hat dir die Beschäftigung mit dem Thema (keinen) Spaß gemacht?
2. Wie würdest du den Schwierigkeitsgrad des Themas einschätzen?
3. Wie beurteilst du die Möglichkeit, selbstständig mitzuarbeiten/dich einzubringen?
4. Welche Unterrichtsmethoden haben dir (nicht) gefallen?
5. Würdest du das Thema gerne noch weiter vertiefen?
6. Hast du weitere Anregungen, Vorschläge oder Hinweise?

Weitere Hinweise:

Bei jüngeren Schülern können die zu diskutierenden Fragen zusätzlich auch schriftlich präsentiert werden.

Schüler fühlen sich durch diesen Erfahrungsaustausch ernst(er) genommen. Sie üben, konstruktive Kritik zu äußern und reflektieren ihr (Lern-)Verhalten. Zudem kann die Lernatmosphäre dadurch verbessert werden.

In höheren Klassen sollten zwei Schüler die Diskussionsleitung übernehmen und an der Flip-Chart mitnotieren.

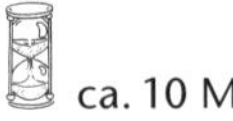

für den Lehrer: die Bereitschaft, seine Stundenplanung den Schülern offenzulegen; die Fähigkeit, diese bei Kritik spontan verändern zu können/wollen

Tafel oder Projektor und Folie(n)

Durchführung:

- Lehrer fertigt zu Stundenbeginn ein Tafelbild zur geplanten Vorgehensweise in der Stunde an bzw. deckt diese sukzessive auf Folie auf und erläutert jeden Schritt.
- Die Schüler können zu jedem Schritt Fragen bzw. (konstruktive) Kritik äußern. Ggf. können einzelne Bausteine verändert oder umgestellt werden.

Beispiel: Thema „Welche Ideale verfolgt die Aufklärung?"

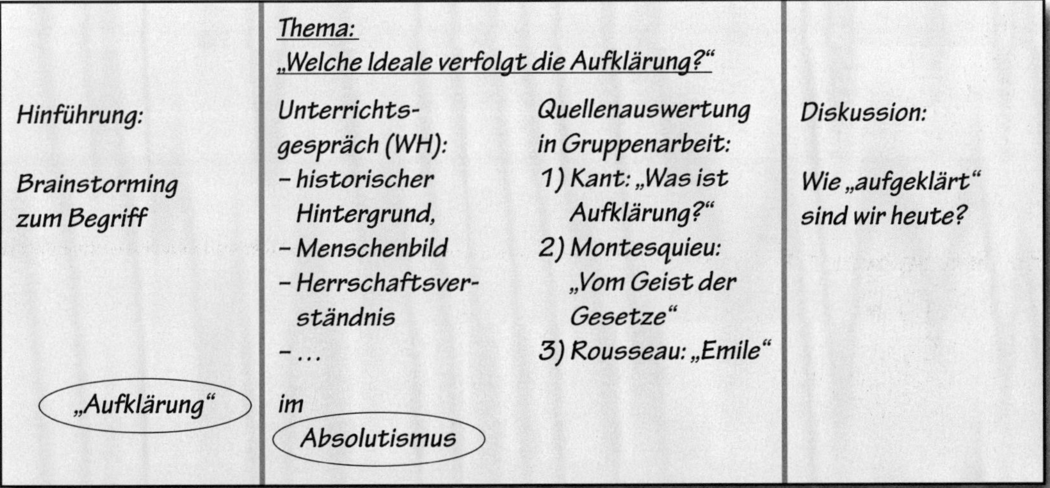

	Thema: *„Welche Ideale verfolgt die Aufklärung?"*		
Hinführung: *Brainstorming zum Begriff* *„Aufklärung"*	*Unterrichts-gespräch (WH):* *- historischer Hintergrund,* *- Menschenbild* *- Herrschaftsver-ständnis* *- …* *im Absolutismus*	*Quellenauswertung in Gruppenarbeit:* *1) Kant: „Was ist Aufklärung?"* *2) Montesquieu: „Vom Geist der Gesetze"* *3) Rousseau: „Emile"*	*Diskussion:* *Wie „aufgeklärt" sind wir heute?*

Weitere Hinweise:

Diese Form des Einstiegs zielt auf eine klare Präsentation der Lerninhalte ab und ist rein kognitiv orientiert.

Damit fällt die von manchen Didaktikern, aber auch Schülern als unecht empfundene Frage- bzw. Ratephase weg. Gerade in höheren Klassen wird das „ehrliche Offenlegen" des neuen Lernpensums gleich zu Beginn der Stunde häufig geschätzt, da die Schüler hier die Möglichkeit haben, Kritik einzubringen und am Stundenende das Erreichen der Lernziele zu überprüfen.

Bei jüngeren Schülern kann dieser Einstieg optisch auch kreativer präsentiert werden, z. B. als „Speisekarte" o. Ä.

S. 18 Versailles © Brad Pict/stock.adobe.com
Ludwig XIV. © bpk/RMN-Grand Palais/image Beaux-arts de Paris

S. 32 Tag von Potsdam © CC-BY-SA 3.0 Bundesarchiv, Bild 183-S38324, Fotograf: Theo Eisenhart. Link: https://upload.wikimedia.org/wikipedia/commons/b/b7/Bundesarchiv_Bild_183-S38324,_Tag_von_Potsdam,_Adolf_Hitler,_Paul_v._Hindenburg.jpg